黑暗傳·上冊

神農架林區非物質文化遺產保護中心 編

《黑暗傳》編委會

　　湖北是楚文化的發祥地，歷史悠久，文化燦爛。在漫長的歷史長河中，勤勞智慧的荊楚兒女不僅創造了大量的物質文化遺產，而且創造了豐富多彩、絢麗多姿的非物質文化遺產。這些寶貴的文化遺產，凝聚了荊楚先民的民俗信仰、價值觀念、社會理想與道德追求，不僅是荊楚民眾生生不息、繁衍發展的精神支柱，也是推動當今社會發展進步的重要力量。

　　湖北是非物質文化遺產大省，是全國實施非物質文化遺產保護工程較早的地區之一。十年來，在省委、省政府的高度重視和社會各界的大力支持下，我省非物質文化遺產保護工作取得了可喜成績。已經建立了國家、省、市、縣四級名錄體系，保護機構逐步健全，保護隊伍不斷壯大，保護制度日趨完善，傳承工作成效顯著，社會影響不斷擴大，基層立法和數據庫建設走在全國前列。目前，有人類非物質文化遺產代表作名錄四項，國家級非物質文化遺產名錄一二七項，省級非物質文化遺產項目四六六項；國家級代表性傳承人五十七人，省級代表性傳承人五七一人；現已有五個國家級非物質文化遺產生產性保護示範基地，十九個省級非物質文化遺產生產性保護示範基地，一個國家級文化生態保護實驗區，十三個省級文化生態保護實驗區和十六個非物質文化遺產研究中心。

　　從二〇一二年起，湖北省非物質文化遺產保護中心陸續編輯出版

《湖北省非物質文化遺產叢書》，系統展示我省非物質文化遺產保護在挖掘整理、項目研究、傳承保護等方面的成果。本套叢書的出版，凝聚著全省非物質文化遺產保護工作者的心血與汗水。在此，向他們表示衷心感謝並致以崇高敬意！

非物質文化遺產是民族智慧的結晶，是聯結民族情感的紐帶和維繫國家統一的基礎。保護和利用好非物質文化遺產，對落實科學發展觀，實現經濟社會全面、協調、可持續發展具有重要意義。加強非物質文化遺產保護工作是各級文化部門的重要職責，是全省文化工作者義不容辭的責任。我們要以更加紮實的作風，更加有效的措施，努力提高我省非物質文化遺產保護工作質量和水平，為推動文化強省建設，實現湖北「建成支點、走在前列」做出積極貢獻。

是為序。

雷文潔

　　非物質文化遺產是指各民族人民世代相承的、與群眾生活密切相關的各種傳統文化表現形式和文化空間。非物質文化遺產以口傳方式為主，是具有很深的民族歷史積澱和廣泛代表性的民間文化藝術遺產。

　　黨中央、國務院一直高度重視非物質文化遺產保護工作，二〇一一年六月一日，《中華人民共和國非物質文化遺產法》頒布實施，將中央關於文化遺產保護的方針政策上升為國家意志，將非物質文化遺產保護的有效經驗上升為法律制度，將各級政府部門保護非物質文化遺產的職責上升為法律責任，這為非物質文化遺產保護政策的長期實施和有效運行提供了堅實保障。

　　廣谷大川異制，民生其間異俗。神農架所處的自然地理環境、社會結構、經濟狀況和精神生活，使其成為了殷商文化、秦漢文化、巴蜀文化以及荊楚文化的彙集地，蘊藏著豐厚的非物質文化遺產資源。近年來，我區相繼申報了《黑暗傳》、《炎帝神農傳說》、《炎帝神農祭祀》、《薅草鑼鼓》和《堂房疊繡》等項，它們均被納入湖北非物質文化遺產名錄，《黑暗傳》和《炎帝神農傳說》還名列了國家非物質文化遺產名錄。

　　非物質文化遺產保護對神農架具有特別重要的意義。神農架是關

係國家生態安全的重要生態功能區，也是湖北省「一江兩山」的重要節點和鄂西生態文化旅遊圈的核心區。文化是旅遊的靈魂，同時也是旅遊的基礎，在很大程度上決定著旅遊的走向。旅遊活動從本質上講是一種文化活動，無論旅遊消費還是旅遊經營都具有強烈的文化性。非物質文化遺產作為一種重要的人文旅遊資源，對其進行有效保護，這對神農架保護與發展無疑至關重要。

《神農架非物質文化遺產申報資料》浸透著神農架廣大文化工作者以及民間藝人的汗水和心血，標誌著我區在神農文化挖掘上走出了可喜的一步，必將為林區非物質文化遺產的傳承與保護、開發和利用發揮重要作用。

周森鋒

2014.2.20

喜讀神農架《黑暗傳》

　　在中國民間文藝研究會第四屆第二次理事會上，劉守華送給我一本多種版本彙編的《神農架〈黑暗傳〉》，使我得窺這部早就渴望看見的漢民族創世史詩，實在大快於心。

　　自學術界有這樣一種看法：中國無史詩，或至少是漢民族無史詩。但前者早被二十世紀以來發掘出的中國少數民族三大史詩——《格薩爾》、《瑪納斯》、《江格爾》所打破，後者也被最近從神農架發掘出的這部《黑暗傳》打破了。據胡崇俊、何伙兩位在彙編本《黑暗傳》序言中說，這部歌書歌詞的流傳，「聽前輩歌師講」，「早在唐代就有了（有的歌手說是元朝）」。時間雖然還不能確定，它的源遠流長、歷史悠久卻大概可以相信。

　　不久前我撰寫《中國神話史》（此書將由上海文藝出版社出版），推測在兩千三百多年前戰國時代的楚國，民間已有問答體史詩格局的東西流傳，屈原的《天問》就是這種民間史詩的模擬。存其問語而略其答詞，創此奇崛不凡的詩體，藉以書寫詩人心中的憂憤。不期兩千多年以後又在神農架發現《黑暗傳》，有人稱它「具有鮮明的楚文化特徵」，我表示贊同，同時也印證了我在《神話史》的假想不無幾分道理。總之漢民族有史詩這一點已由《黑暗傳》給予堅定地回答了。

這部多種版本彙編的《黑暗傳》收集的材料，有原始資料共九種，原始資料附錄也是九種，內容豐富，大可一觀。要詳細予以介紹，是不可能的，只好節寫序中所述手抄全本（三萬多行）《黑暗傳》的故事梗概如下——天地之初只是一團氣體，瀰漫在一團黑暗之中。開始沒有水，經過了不知多少年代的神人的努力，後來出現了一個叫「江沽」的神人，才把水造了出來。那時，天萌芽了，長出一顆露水珠，卻又被「浪蕩子」吞掉了。「浪蕩子」一口吞掉露珠就死了，他的屍體分成五塊，才有了五行。從此地上有了實體、有了海洋，出現了崑崙山吐血水，才誕生了盤古。盤古請來日月，開天闢地，最後他「垂死化身」，軀幹化成大地的一切。盤古死後，大地上的金石、草木、禽獸化成了各種各樣的神。這時還沒有真正出現人類。神們互相爭奪，鬧得天昏地暗，直到洪水滔天。洪水中又出現了黃龍和黑龍搏鬥，來了個名叫昊天聖母的神，幫助黃龍打敗了黑龍，黃龍產蛋相謝。昊天聖母吞下龍蛋，孕生三個神人：一個主天，一個主地，一個主冥府。洪水中又來了五條龍捧著大葫蘆在東海漂流。聖母打開葫蘆，見裡面有一對兄妹，勸他們結婚，才生下各個創世的神。到這時才產生了有血肉的人類世界。彙編本所收的九種殘缺不全的資料中，還有女媧、神農、黃帝、蚩尤，直到堯、舜、大禹等神話故事情節，就不單是是創世史詩，還連繫著英雄史詩了。不過最可貴的還是創世史詩這一部分，它有非常奇異的思想和獨特的表現手法。如像原始資料之一中有一段說：「當時有個溟涬祖／溟涬生浦湜／浦湜就是混沌父／溟涬就是混沌母／母子成婚配／生出一圓物／包羅萬象在裡頭／好像雞蛋未孵出。」這就顯示了原始社會早期人類群居時代雜交婚姻關係的實際景象以及我國古代「水孵天而載地」（《黃帝書》）、水為「萬物之本原」（《管子》）的深沉的哲學思想，和滿族的洪水神話不

期而然的有著若干共通之處。「江沽造水」這一神話構思也很奇特，為其他神話所無。

　　總觀彙編本《黑暗傳》九種殘缺資料的大貌，我以為形成這部民間史詩的主要來源，還是從古代一脈相傳下來的屬於巴楚地區原始文化中的中原神話，但其中又雜有道家思想，陰陽五行家思想，乃至佛教思想，真是五花八門；人物也出現了原始天尊、通天教主、白蓮老母、觀音佛祖之類，這大約是從《封神演義》和其他雜書中採取來的，分明可見歷史長河中的積澱。因而論及本書所收的資料，當然可能是有精華、也有糟粕。這就對我們下一步整理工作提出了難題。我盼望能夠組織力量，作更深入的發掘，以取得更多的資料來作整理的採擇。如果真能發現那個「三萬多行」的「全本」就更好，就可以略加修潤，一氣呵成。使讀者能見到史詩汪洋閎肆的全貌。否則只有就手邊現有資料作慎重整理，注意不同版本的殘缺處，使其能妥善接榫，再適當地去其糟粕，存其精華，我想當也能整理出一個並不太壞的本子來。

袁　珂

原載《中國文化報》1987 年 2 月 4 日

目錄
CONTENTS

第一部分：原始版本

第二部分：整理版本

第三部分：評述文摘

第一部分
原始版本

黑暗傳
—— 原始資料之一

〔卷首：一番洪水〕

金鼓一住我開口，
前人造下萬卷書，
留與後人講根古。

傳言上古真玄黃，
伏朝真金無短長。
一番洪水上天堂，
一番黑暗生太荒。
日月星斗歸水底，
風雲日月一掃光。

天地從此氣數到，
天崩地裂水汪洋。
洪水滔滔黑茫茫，
後人拿來當古講。

雲天霧地好荒唐，
無根無基稱高強。

先生講起黑暗根，
這個根古長得很。
開頭幾句好詩文：

「真金皇帝登龍位，
二十七年雨柱星。
命斃三十零六載，
荒淫無道天地崩。
吹仙道人吹黑氣，
鰲龍妖精起波濤。
你遮天來我淹地，
日月蒼生無處逃。
滿天星斗歸水底，
風雲日月土中埋。
要得天地如依舊，
真元老主髮根來。
幾句古風把頭開，
引出一部黑暗來。」

卻說那時有一人，
乃是石龍變化成，
法術通天無比倫。
知道天地圓滿了，
要把洪水泡天庭。

將身來把花園進，
見一紅花女釵裙，
此女便把他來問：
你是哪方來的人？

姓甚名誰講我聽。
為何來到花園門？
石龍開言忙答應，
「你今聽我說分明：
我是上古真仙身，
石龍老母是我名。
如今天地壽圓滿，
你快拜我為師尊。
若是一會天地崩，
護你隨我去修行。
倘若你不隨我去，
怕你難得逃性命。
講起紅花女釵裙，
她是真金皇后身，
來在花園散精神。
她今聽得老母語，
師傅連連口內稱。
石龍老母喜歡欣，
忙把徒兒叫一聲，
我今與你取下號，
鐵腳老母是你名，
一會洪水若起了，
你就緊閉兩眼睛。
耳中不聽波濤響，
才能抬頭把眼睜。

鐵腳老母依言語，
雙目閉得緊沉沉。
石龍他把法術用，
師徒隨氣不見形。
剛剛來到靈山頂，
天翻地覆洪水生。
一番洪水上天庭，
鐵腳老母有仙根，
修仙得道脫紅塵，
不生不死好清靜。
石龍又把徒兒叫，
你到崑崙走一程，
鐵腳領了師尊命，
辭別師傅動了身。
雙目一睜豪光現，
化為輕風上崑崙，
只見洪水滔滔浪，
鐵腳老母顫驚驚。
黑黑暗暗心害怕，
迷迷濛濛往前行。
將身落在崑崙頂，
一片紅光刺眼睛，
紅光一閃化一人，
龍的腦殼人的身，
巨齒獠牙口外生，

手拿靈珠和拐棍，
他拜鐵腳為師尊。
鐵腳老母喜十分，
當時與他取下名，
取名大號叫台真，
師徒二人敬崑崙。
他們師徒人兩個，
順著崑崙四下行，
兩人走了一段路，
一座洞府擋路程。
台真一見心歡喜，
走進洞中看仔細。
只見一陣香風起，
香風過後現人體。
一見台真開言語，
口叫師尊聽端底，
我今與你做徒弟，
要跟師傅參玄機。
台真給他把名取，
取名玄天不差一，
各位歌師聽詳細，
玄天出世有根跡。
此處還有詩幾句，
聽我從頭說給你，
不知先生喜不喜。

〔玄黃老祖出世〕

講起幾句好詩文，
說的玄天出世根，
唱與各位歌師聽：
「洞為洪慶姓為玄，
山精修命號玄天，
一身妙法真奇異，
靈丹當卦洞門邊。」
幾句詩文對你言，
神仙個個有根源。
玄天又把丹來點，
靈丹壓在洞中間，
丹珠頃刻冒紫煙，
化為上古一神仙。
玄天給他取名字，
取名大號叫真元，
你看講的玄不玄。
真元老主有出身，
一分天地他為尊，
他是太荒上古神。
真元又把真珠埋，
生出玄黃老祖來，
仙丹化體有靈性，
法術通天勝師尊，

此處四句好詩文，
一便講與歌師聽，
上有詩云兩個字，
下面詩詞授正文：
「真元道法真為怪，
身為天地神聖胎，
天地有死也有生，
一顆仙丹現仙材，
記起士秀十三柱，
悟出玄黃老祖來。」
幾句詩文不差分，
都是才子謅奇文，
留與後人散精神，
我看可信可不信。
玄黃出世道法深，
收下一個小門生，
也是水怪化人形，
名字就叫奇妙子，
又有仙號子異人。
奇妙又把仙丹窖，
埋在玉柱洞中心。
要等三番洪水後，
化為寶光現真形，
此是後語我不講，
言歸正傳講正文。

再講玄黃老主身，
算來天地已形成，
叫聲童兒子異人，
你今崑崙走一程，
你去快把崑崙上，
一直要到高山頂，
山上石頭放光明，
乃是無價貴寶珍。
你今前去將它撿，
撿它回來見我身。
奇妙領了師尊令，
辭別師傅動了身，
要到崑崙尋寶珍。
奇妙尋寶不談論，
再講上古那時辰，
天精地靈結珠孕。
一番洪水滔天起，
洪水之中遭災星，
一番洪水方退了，
它才變化成人形。
自己號稱浪蕩子，
抬頭四下看分明。
看到崑崙高山上，
黑霧雲中現微明，
他今也把山來上，

仔仔細細用目評。
看見石頭雞蛋樣，
石頭上面有光生，
他也不知其中情，
將它拿在手中心。
正在那裡來玩耍，
來了奇妙子一人，
一見寶珍被人撿，
當時開口問原因，
你是何方魂魄到，
為甚拿我貴寶珍？
師尊叫我收法寶，
快快給我是正經。
浪蕩子聽罷火來了，
開口便把來人稱。
明明此寶是我撿，
為何要與你當身，
何況言語少禮性，
想我給你萬不能！
奇妙一聽動了火，
我要與你見師尊，
只要見了師尊面，
諒你不敢來發橫。
浪蕩子聽罷氣忿忿，
你講大話來壓人，

再說三個「你不敢」，
我將法寶一口吞！
奇妙聽得如此講，
當即開口把話論，
不敢不敢你不敢：
不敢吞我貴寶珍，
浪蕩子等他話說完，
氣得頂門冒火星，
一口吞下貴寶珍，
誰知是把天地吞！

〔浪蕩子吞天，一分天地〕

提到浪蕩子吞天事，
此處還有詩四句：
「一顆珍珠圓又圓，
困在洪水難周全，
有朝返本復出現，
又吞日月又吞天。」
四句詩文講得明，
多少才子不曉領，
少丟花草不講文，
言歸正傳唱古經。
浪蕩子一口把天吞，

奇妙子嚇得膽顫驚，
你這孽障還得了，
吞了我的貴寶珍，
反手拉住不放行。
扯扯拉拉鬧沉沉，
吵吵鬧鬧不分明，
兩人難得分輸贏，
雙雙來把玄黃見，
要請玄黃把理評。
二人見了玄黃祖，
各訴各人的理由，
老祖聽罷開了口：
拍案大怒吼一聲，
浪蕩如何亂胡行，
你把天地都吃了，
叫我如何來調停。
吩咐徒兒奇妙子，
快快將他問斬刑，
奇妙聽了師尊命，
古玄寶劍不留情，
一道紅光方過後，
斬了浪蕩子一人。
將他四肢四下分，
正身化為雞蛋形。
玄黃將它兩下分，

從此天地才形成。
卦下天地主凡民，
還有詩句八句整。
仁兄說的詩八句，
接到前文往下敘，
八句詩文不差一。
「一塊黃石生得妙，
四周法文玄黃描，
老祖坐在法台上，
口吐霞光透九霄。
舉手畫亮真奇異，
兩指化須生光明，
善能卦下天和地，
剪清獠線霧沉沉。」
幾句詩詞講你聽，
不知道的真不真，
還望列位細談論。

〔卷中：二番洪水，二分天地〕

玄黃故事我不論，
花開兩朵另有因，
巧女難繡兩面針。
再講天地已形成，
陰陽合歡萬物生，
也有蒼生與凡民，
也有六朝地王君，
誰知天地劫難到，
黑龍又把水來生。
你看黑水沉沉起，
又把天地淹乾淨。
一番洪水尤似可，
二番洪水更嚇人。
玄黃一見慌張了，
去見黃龍天尊身，
黃龍賜他止水劍，
化天寶珠與他身，
玄黃收了兩件寶，
轉身回到洞府門。
他用寶劍止洪水，
當即洪水不見形。
你看天地又滅了，
忙得玄黃不消停。
吃了化天珠一顆，
化為青天變以身，
上化三十三天界，
下化地獄豐都城。
從此天地黑雲散，
青天朗朗放光明。

自從玄黃化身去，
方才又有天和地，
大洪國立開朝主，
大洪神主為帝君。
三十六代容易混，
三十六代大洪主，
洪未天子為天君。
你看天地氣數到，
會元已滿不差分。
五條黑龍在崑崙，
三番洪水泡天庭。

〔三番洪水，三分天地〕

只見黑浪滔滔起，
上古諸仙難逃生。
原始太荒三太老，
難逃洪水喪了身。
自從玄黃化天地，
此時天地又起崩。
只為十二會滿了，
一片黑暗水才生。
宇宙生命淹乾淨，
那有蒼天與凡民，

只見洪水不得了，
昏昏暗暗無時辰。
這番洪水更嚇人，
黑黑暗暗無光明，
天地日月一掃平，
三番洪水我不言，
太虛宮中諸神仙，
五神六仙定會元。
一元分為十二會，
十二會滿為一元。
若還十二會圓滿，
定是天地生死卷。
都是前朝才子言，
此話到底無根源，
東扯西拉跳圈圈。
要把黑暗唱周全，
按下天地生死卷，
不講太虛眾神仙，
花開兩朵另開言。
再講須彌洞中文，
昊天老母她一人，
老母洞中悶沉沉，
帶著定光出洞門。
睜開慧眼觀理陣，
定光開言把話論，

口叫師傅你是聽，
我有一事回師尊，
普遍一望皆洪水，
烏黑斗暗怕煞人，
師尊有道知理陣，
洪水何日得太平。
他們正在把話講，
忽聞太空如雷鳴，
黃龍道人開言語，
叫聲定光你是聽，
太虛宮中多熱鬧，
你到那裡走一程。
觀看宮中多奇異，
玉虛寶殿放光明。
定光聽得黃龍講，
跟著黃龍往前行，
一直走進玉虛殿，
上古諸仙把禮行。
隨著黃龍齊下跪，
三呼萬歲口內稱。
拜罷之後開言語，
諸仙一本奏原因，
你是先前神主定，
扶你在此坐龍廷，
號為定光玉虛尊，

專管上古眾仙神。
講到定光玉虛尊，
他是仙珠化人形，
先天上古修成人。
你今出世須彌洞，
昊天老母傳仙根。
她用精氣修靈性，
悟得玄機知長生。
他今坐了玉虛殿，
黃龍真人把話論。
上前三步奏一本，
我有言詞奏玉君。
可恨黑龍它無道，
洪水成災泡天庭。
三番洪水滅天地，
到處一片水連成，
如今此處又震動，
天地日月一掃平。
若還再把水來起，
我等怕是劫難生。
只有收服黑龍怪，
那時方能得太平。
定光聽了黃龍語，
拍案大怒發雷霆，
黃龍道人接著道，

從頭講與定光聽，
我主速發皇聖旨，
去招崑崙兄弟們，
陰雷兄弟人五個，
神通廣大無比倫。
大哥用的開天斧，
上古太荒貴寶珍，
叫它大來萬斤重，
叫它小如繡花針，
二哥法廣真無比，
他能口中吐紅雲，
三哥銅鎚千斤重，
四哥鐵鎚重千斤，
五哥手執斬妖劍，
此劍變化大得很，
只要招動他五個，
定能斬殺黑龍精。
定光聽罷開金口，
便把黃龍叫一聲，
命你崑崙山上去，
去請陰雷弟兄們，
黃龍道人忙答應，
辭別定光玉虛尊，
走過海洋滔滔水，
黑黑暗暗往前行，

黑水波濤陣陣起，
黃龍一看膽驚驚，
膽顫心驚往前走，
不覺到了崑崙頂。
見了陰雷人五個，
黃龍道人把言論，
我奉玉虛皇旨令，
來招你等五金昆，
快快隨我西天去，
定光找你有事情，
陰雷聽了定光令，
趕快收拾就動身。
前有黃龍把路引，
陰雷五個隨後跟，
來到太虛宮門內，
玉虛殿中把禮行，
陰雷金昆齊跪下，
拜見定光太虛尊。
定光殿上開金口，
陰雷兄弟聽原因，
命你南天門外去，
去收黑龍古怪精。
你們去把黑龍斬，
免得以後再害人。
陰雷金昆五個人，

當時領了定光命，
辭別定光就動身，
弟兄五個腳不停。
四面五方黑沉沉，
只見黑雲陣陣起，
烏黑斗暗好嚇人。
你看伸手不見掌，
到底如何來調停，
二哥口吐紅花火，
照見黑龍放光明，
大哥舉起開天斧，
去劈黑龍古怪精，
三哥銅錘也來打，
四哥鐵錘也來迎，
五弟又用斬妖劍，
斬了黑龍五妖精。
黃龍真人空中叫，
口稱陰雷金昆們，
斬了黑龍功勞大，
隨我去見玉虛尊。
一齊去把聖主見，
玉虛殿中受封贈。
陰雷聽了黃龍語，
一齊拜見定光身。
定光殿上開金口，

你們五個立功勛。
力斬黑龍扶乾坤，
封為五雷大將軍。
陰雷一聽忙謝恩，
定光這時把話論，
叫聲黃龍老道人，
黃龍道人忙跪下，
定光殿上說原因。
封你一品天司職，
只等天地來形成，
盤古若把天地分，
命你去把西天門。
黃龍殿上把禮行，
多謝定光封我身。
四禮八拜謝定光，
丟下黃龍不談論，
花開兩朵講別人。
按下一處講一處，
一人難唱兩本書，
還要慢慢講根古。
把話提到靈山頂，
須彌洞中講原因。
靈山有個須彌洞，
洞中住著一仙人，
昊天老母洞中坐，

算來命在頃刻沉，
吃了定天珠一顆，
化為九卷天書文，
咳搏一見慌張了，
哭得三魂掉二魂。
我母化為天書去，
叫我如何去調停，
洞中哭得昏沉沉，
傷心落淚少精神。
打開天書讀仔細，
苦讀九卷天書文。
悟得九卷天書法，
修成古佛在洞門。
古佛坐在須彌洞，
耳燒心跳不安寧。
將身來到洞門外，
洞外寂寞好散心。
淨水池邊來打坐，
眼觀荷花色色新。
古佛當時心暗想，
其中定有古怪精。
無有天地日月星，
此物到底怎生成？
如今荷花來開放，
倒使古佛費精神，

他今正在亂思想，
一道紅光繞眼睛。
一道紅光放過了，
現出三個小童身，
童子便把老者問，
叫聲老者你是聽，
此地名字叫什麼？
還望老者講分明。
我等不知為何事，
混混糊糊此處存。
老者一聽忙答應，
還沒開口笑盈盈。
此是靈山須彌洞，
古佛就是我的身，
你們拜我為師傅，
到我洞中去修行。
三個小童忙跪下，
師傅連連口中稱。
古佛與他取下名：
如來釋迦勞力尊。
三人下洞喜歡欣，
跟著古佛去修行。
把他丟下另講人，
再講定光玉虛尊。
坐下諸仙把貢進，

朝賀玉虛他當身。
單說黃龍老真人，
敬來先天貴寶珍。
此寶名叫化天珠，
能化九重大天門。
定光細細吹口符，
化為混沌分了身，
子勝一見魂不在，
哭聲哥哥好傷心，
開言便把小弟叫，
叫聲尤明你是聽，
哥哥化為混沌去，
你到地府走一程。
命你去把地府進，
查看肉屍管眾生，
與你斬關劍五口，
分開五關你為尊，
與你上古翻天印，
收服黑龍五位魂。
又給夜明珠五顆，
照得地府放光明、
尤明得了無價寶，
辭別子勝動了身。
尤明一路往前行，
黑黑暗暗看不清，

洪水滔滔好怕人。
混混糊糊往前闖，
一直來到豐都城。
剛剛來到豐都殿，
來了黑龍五位魂。
一見尤明怒氣升，
今日你也到此境。
你的哥哥會講狠，
請動陰雷五金昆，
將我五人都殺了，
罰在豐都受苦刑。
今日會著你們面，
要做申冤報仇人。
言罷現出金龍爪，
來抓尤明頂門心，
殺我兄弟人五個，
叫你今日難逃身，
五條黑龍凶得狠，
要與尤明比輸贏。
尤明見勢心害怕，
取出上古翻天印，
黑龍兄弟顫驚驚，
便把我主叫連聲，
跪在地下喊饒命，
口叫二爺要留情，

你今若能饒兄弟，
扶你地府為閻君，
把你扶到廡殿上，
身落寶殿坐龍廷，
掌管三十零六朝，
又管陰陽二界門。
尤明聽罷心歡喜，
連忙收了翻天印。
收了黑龍五位魂，
五龍情願跟尤明。
尤明收了他五人，
邁開大步往前行。
將身來到一關上，
一關上面亂紛紛。
尤明又把寶劍取，
掛在一關東風門，
東風門裡太平了，
西華門內鬼來爭。
尤明又把寶劍取，
掛在西華龍鳳門，
三萬餓鬼齊跪下，
迎接天子進獄門。
尤明又把二關上，
鬼門關上更難行，
尤明又把寶劍取，

掛在鬼門關上存，
五萬餓鬼齊跪下，
迎接天子進獄門。
尤明來到三關上，
奈何關在面前呈，
洪水滔滔高萬丈，
難過此洞怕煞人。
尤明又把寶劍取，
掛在奈何關上存，
寶劍化作橋一座，
高萬丈來寬七寸，
尤明忙把橋來過，
四關上面看分明，
買人夜鬼忙不住，
迎接天子進關門，
尤明來到五關上，
來到五關觀子平，
有塊牌匾寫大字，
尤明正是五閻君。
鬼差打動龍鳳鼓，
迎接天子進殿門。
蟒袍玉帶來穿起，
平頂帽戴頂門心。
身落寶殿坐龍廷。
尤明坐在王殿上，

開言便把話來講。
傳了黑龍五位魂，
個個功勞大得很，
扶我到此為閻君，
人人都封臣股份，
黑大封你判官職，
黑二封你無常神，
黑三你為尋風鬼，
黑四封你夜叉兵，
黑五把守陰陽界，
封你追魂土地神。
判官專管生死簿，
無常專門勾人魂。
尋風只管枉死殿，
單管世上枉死人。
夜叉陽界查善惡，
掌管世上無義人。
陰陽界上忙得很，
出出進進忙不停。
黑家金昆受封尊，
就在殿前謝了恩。
黑家兄弟有官職，
封了黑龍我不論，
端地施恩眾鬼魂，
花開兩朵講別情。

尤明坐在寶殿門，
剛剛封了黑龍精，
一陣陰風進殿門。
尤明抬頭看分明，
三位老者來到此，
雙膝跪下叫主君。
口叫閻王你是聽，
我們不是別的人，
原是太荒三太老，
三番洪水分了身。
如今落在豐都地，
困在地府受苦刑，
只願我主放我去，
我們離此好脫身。
尤明聽罷此言語，
連忙下位把禮行。
雙手一一來扶起，
口稱太荒老先生。
我今放你脫身去，
早成仙果傳門人，
蓮花化身為人體，
金絲相生成人形。
吩咐土地快引路，
送到靈山上面存，
土地引路他去了，

殿前又來三老人。
三位老人齊跪下，
我主不住口內稱。
三番洪水喪性命。
如今落到地府內，
困在此處走無門。
請求我主發放我，
去到紅塵好脫身，
尤明不住忙行禮，
口叫上古老先生，
你今去到蓬萊地，
荷花池邊現人形，
你是上古枯蓮籽，
金絲相生到凡塵。
尤明又把土地叫，
送到蓬萊山上存，
蓬萊有個洪鈞洞，
白妃娘娘洞中生，
大號名叫枯蓮子，
名字又叫小洪鈞。
後來佛祖見到你，
送你三卷天書文。
你傳徒弟人三個，
通天教主原始尊，
你今道下傳三友，

老君一令化三清。
土地引路他去了，
殿前又跪一老人。
開口便把我主叫，
我是上古太荒人，
但願我主放我去，
好到凡間去脫身。
尤明下位忙扶起，
原始道教老先生，
檀香化身為人體，
金絲相生成人形。
三寧崑崙脫身去，
崑崙斗母李家生，
取名就叫李老君。
你拜洪鈞為師傅，
與你一氣化三青。
土地引路他去了，
殿前又來三千人。
叫聲我主放我們，
我們前去好脫身。
尤明又把土地叫，
送到靈山上面存。
臨山上面化身去，
三千佛子是你們。
土地引路又去了，

殿前來了五百人。
洪水泛起有我等，
三番黑暗喪了身，
我主發放我們去，
要到凡間好脫身。
尤明又把土地叫，
送到臨山上面存。
就在臨山化人體，
五百靈官是你們。
土地引路前去了，
殿前又跪十八人。
聲聲只把我主叫，
要放我們去脫身。
尤明又把土地叫，
送到崑崙上面存，
崑崙有個十八洞，
十八洞中化人形。
就在洞中來養身，
十八羅漢把號稱，
把它按在九霄雲。
尤明把案辦完了，
開言又把判官叫，
打開豐都見分曉。
判官領了尤明旨，
六重六上看分明，

上有牌匾寫大字，
內有十萬餓鬼兵。
要等盤古三皇出，
方能打開六重門。
判官不敢亂開放，
又到中間過目評。
也有牌匾寫大字，
內有八萬餓鬼兵，
要等夏商兩朝到，
方能放他轉人身。
判官不敢亂開放，
又到下面看分明。
又有牌匾寫大字，
八十三萬餓鬼兵。
要等周秦兩朝出，
放出他們開乾坤。
判官一一看清了，
轉來報與閻王聽。
尤明聽後忙傳旨，
吩咐判官莫消停，
五關上面要緊閉，
豐都嶺上不准行。
接下一處講一處，
仁兄聽我唱根古，
一人難唱兩本書。

丟下尤明閻王君，
再講佛祖在洞門，
古佛開言把話論，
開口便把如來叫，
又叫釋迦牟尼尊。
每人來領天書法，
各山各嶺去修行。
誰能悟得真玄妙，
再來洞中見我身。
如來領了天書文，
拜別恩師出洞門。
剛剛來到須彌洞，
忽然洞府不見形，
古佛隱了真洞府，
如來一見掉了魂。
左思右想無路走，
蓬萊山上去修行。
時把天書玄機參，
得了佛法無比倫。
那時他把靈山上，
須彌洞中見師尊。
古佛一見開言問，
你今哪方去修行，
如來見問眼流淚，
叫聲師尊您是聽，

蓬萊修行苦不盡，
羅絲做窩頂涼門。
古佛當時把頭點，
看來你是真佛身。
命你西天為佛祖，
你教弟子三千人。
後來靈山修廟宇，
男男女女把香焚。
修起九重朝喪殿，
又修七十二宮亭。
取名就叫雷音寺，
遠古流芳傳後人。
此是後話不談論，
書接上回是正經，
巧女難繡兩面針。
把話提到崑崙頂，
洪慶洞內講古今。
白妃娘娘洞中坐，
說她根底怪得很。
上古白石來化身，
黑暗算她第六名。
白妃娘娘心納悶，
黑暗雲中到崑崙，
來在崑崙高山頂，
崑崙山上三口井，

一口井中出綠水，
一口清來一口混。
娘娘喝了三口水，
面紅耳赤動春心。
她也不知其中事，
依然回到洞中存。
從此她就身懷孕，
一胎生下三道人。
依著洞府取名字，
挨著玉虛排下名。
長子取名叫洪儒，
次子洪皓是他身，
只有三子他最小，
取名就叫小洪鈞，
他是三教頭一名，
只表洪鈞出世根。
我佛如來在雷音，
心血來潮不安神，
將身來把靈山下，
不知不覺到崑崙。
洪鈞洞邊枯蓮池，
佛祖舉目關子坪。
忽然只見紅光現，
來了一個老道人。
我佛一見心歡喜，

知他來頭大得很。
他是上古三太老，
原來就是枯蓮根。
他和自己同一等，
都是太荒脫人形。
尤明叫他臨凡地，
白妃娘娘洞中生。
金水相生得了道，
故在此地現金身。
名字就是枯蓮籽，
道號又叫小洪鈞。
佛祖一見忙開言，
你我原是同路人，
這時我們又相會，
原是上古緣法定。
與你三卷天書法，
蓬萊山上好修行。
你今一道傳三友，
老君一氣化三青。
洪鈞又把如來問，
天地幾時才生成。
如來當時開金口，
聽我從頭說原因。
子會生天青氣現，
丑會生地萬物生，

寅會三皇要出世，
卯會才生五帝君，
辰會上面天地子，
巳會生出九洲人。
午會開朝君臣定，
未申百姓亂紛紛。
酉會之時收成少，
戌亥會上容易混。
佛祖把話說完了，
洪鈞答應果是真。
兩人講了多一會，
洪鈞道人轉回程。
如來正要歸靈山，
又來一個小道人。
佛祖一眼看得清，
知他太荒古檀根，
佛祖看罷心歡喜，
連忙對他講原因，
如今正在子會時，
青天欲出放光明，
後來又出混沌氏，
盤古出世把天分。
你快去把蓬萊上，
洪鈞洞中走一程。
他有三卷天書法，

你拜洪鈞為師尊。
三臨凡間教化人，
此是後事我不論。
再講如來他一人，
將身回到靈山頂，
雷音寺中落了身。
釋迦牟尼來到此，
如來一見喜十分，
自從那時修行去，
不覺一別到如今。
三佛今日又相會，
三人談論後來因。
如來首先開言道，
二弟聽我說分明。
太荒上古金石斧，
此是先古貴寶珍，
算來此寶要出世，
隨著盤古一齊生。
三弟去把太荒上，
你去看看如何能，
若與一面分天旗，
你定收起莫消停。
若還盤古出了世，
你就把他給混沌。
盤古若尋金石斧，

怕的難見此寶珍。
你叫混沌把旗晃，
黑氣自然不見形，
幫他找到上古寶，
等他好把天地分。
三佛言語我不論，
把它按到靈山頂，
再講上古各路神，
仙道祖母有根痕。
四十八仙降凡塵，
又有四十八道人。
還有四十八老祖，
四十八位老母們。
受了上古太荒靈，
個個紅塵化人形。
若還先生不相信，
還有四句好詩文，
四句詩文做證明，
唱與歌師過細聽：
「一顆珍珠綠艾艾，
二顆珍珠土裡埋，
三顆亮照水難過，
四顆龍潭結仙胎。」
四句詩文不差分，
誰個知曉這些根，

上前請問老先生。
仁兄提起詩四句，
每句詩文講詳細。
一顆珍珠綠艾艾，
四十八仙降凡來。
二顆珍珠土裡埋，
四十八道出塵埃。
三顆照亮水難過，
老祖四十又八個，
他們個個有道學。
四十八個老母們，
聚會天精道法多。
四顆龍潭結仙胎，
盤古出世把天開。
講起盤古他的根，
當是陰雷弟兄們。
奉了定光玉虛旨，
斬了黑家五龍精，
五龍死在高山頂，
化成五條石龍身。
五個龍口齊流血，
鮮血不止往下淋，
血水流在深潭裡，
聚會天精和地靈。
漸而漸之成珠孕，

結個仙胎雞蛋形。
三番洪水過了後，
長出盤古一個人。
沒有父來無有母，
黑龍仙氣來生成。
血絲血肉轉了身，
盤古昏昏如夢醒，
方才抬頭把眼睜。
盤古醒來四下望，
四面五下黑茫茫，
黑水滔滔高萬丈。
盤古昏昏往前闖，
邁開大步走忙忙，
只聽霹靂一聲響，
撞在盤古腦殼上。
撞得頭昏心又慌，
手摸腦殼心暗想，
要把天地兩分賬。
盤古當時怒氣生，
一定要把天地分，
四面五下尋寶珍。
盤古忙忙四下尋，
天如鍋來地如盆。
迷濛不知幾千層，
青絲嚴縫扣得緊，

天無縫來地無門，
看來天地難得分。
一路奔波往前行，
驚動混元老先生，
忙把分天旗來繞，
黑雲紛紛不見形，
不覺顯出太荒山，
金石斧頭上面存，
盤古忙把高山上，
只見地下放光明。
當時仔細來觀看，
仔仔細細用目評。
只見一把金石斧，
乃是上古太荒珍。
不是金來不是銀，
不是鐵匠來打成。
叫它大來它就大，
叫它小來不見形。
拿在手中重得很，
盤古當時喜十分。
取名開天闢地斧，
拿起斧頭忙動身，
邁開大步如風雲，
要把天地兩下分，
劈開天地現光明。

盤古出世好威武，
身長一丈二尺五。
手拿開天劈地斧，
頭上頂的太極圖，
腰又圓來膀又粗。
盤古抬頭仔細看，
只見黑暗不見路，
後人把他寫成書，
他是開天闢地祖。
走進混沌觀一番，
四下茫茫盡黑暗。
波濤萬丈千層浪，
洪水滔滔透骨寒。
盤古不管長和短，
舉起斧頭往下砍。
累得腰疼腿又酸，
渾身出了一身汗。
耳聽四下如雷鳴，
盤古聽罷忙不停，
手舉斧頭不留情。
剛把斧頭劈下去，
一斧劈開混沌根。
只見青氣往上升，
化作九重大天門。
又見濁氣往下降，

化作大地分陽陰。
盤古二斧來砍下，
閃出東方太陽星。
盤古忙把太陽叫，
你到空中照萬民。
扶桑國內升天界，
西伏國內落塵埃。
卯時升天酉時落，
六個時辰又轉來。
你今去到崑崙進，
去請陰雷扶你身。
再到蓬萊枯竹洞，
去請紅七雷將君。
他有八個照妖鏡，
鬼怪不敢上天庭。
盤古三斧劈下去，
閃出西方太陰星。
月得王母登龍位，
月裡嫦娥兩邊分。
盤古又把月君叫，
也去天上照萬民。
太陽白日昇上界，
你在夜裡放光明，
天地日月有根本。
盤古他把天地分，

把他按下等一等，
花開兩朵另有因。
須彌地方十二人，
蓬萊山前得道行。
他們都是真佛子，
拜見盤古為師尊。
盤古便把他們叫，
你們各自去修行。
我今與你取姓名，
你們牢牢記在心。
一為接引老道人，
二為準提不差分。
三為彌勒四張賢，
五為通天道主身。
六為斗母稱名號，
七為青眉老仙神。
八為天尊號原始，
九為玄女娘娘身。
十為墨牙稱老祖，
十一太清上古神。
十二年紀他最小，
號為無極知天庭。
十二神仙得了號，
辭別盤古去修行。
書接前文講古今，

再講盤古把天分。
混沌知道其中情，
手執分天劍一根，
又把分天旗來繞，
黑氣一時退乾淨。
從此天地黑雲散，
青天堯堯放光明。
有天有地有風雲，
盤古本事無比倫。
三分天地他為尊，
壽高一萬八千零。
他在太荒命歸陰，
盤古死得好可憐。
死在太荒有誰問，
渾身化為天地形。
化為五嶽高山頂，
從此五嶽才形成。
五嶽名山有根痕，
因為陰陽兩儀定，
天地合和萬物生。
頭化東嶽泰山頂，
腳化西嶽華山嶺。
左背北嶽號恆山，
右背南嶽衡山嶺，
中嶽嵩山肚化成。

身化五嶽有原因，
又配五方分五行。
頭合東方甲乙木，
腳配西方庚辛金，
面是南方丙丁火，
背合北方壬癸水，
身合中央戊己土，
盤古死得真正苦，
渾身血合江海湖，
毫毛化為滿山樹。
外化五行生剋理，
內化黃金與白銀，
四相五行有根本，
牙齒落了不變形，
只等天皇他出世，
將它送上九霄雲，
天皇將它按天上，
頃刻化為滿天星，
萬古流傳誰不聞。
化身已畢不談論，
天下又出三太君，
天地人皇是他們。
別的按下慢慢講，
先講天皇出世因。
上古聖仙早排定，

共有兄弟十三人。
他今出世安星斗，
盤古牙齒來化成。
有了天地日月星，
不知幾時為一春，
天皇出世無人煙，
混混糊糊過光陰，
商議兄弟十三個，
創出天干地支文。
先立天干共十個，
又立地支十二名。
他們又把靈山上，
靈山上面散精神，
靈山上面觀禮陣。
靈山看到菊花景，
菊樹開花九月零。
他們又到雪花間，
來在雪花洞府門，
五黃六月流清水，
十冬臘月雪紛紛。
露水結霜十冬景，
水結冷冰臘月臨。
知得四季何來歷，
天皇弟兄定原因。
桃樹開花是春景，

蓮花開時夏來臨，
秋冬菊花來報信，
臘梅花開一年整。
春夏秋冬從此分，
暑往寒來算一春。
天皇壽高有天性，
在世一萬八千春。
有道我仙上天庭，
又有地皇管乾坤。
按下天皇老古人，
新做房屋另開門，
還聽愚下敘分明。
不表天皇宗教主，
提起龍門洞內人，
弟兄共有十一個，
西天彌勒來脫身。
雄日山前得了道，
特來拜見天皇身。
天皇一見心歡喜，
封他地皇管乾坤。
地皇兄弟領了旨，
訓在上古把位登。
商議兄弟十一人，
地皇才把月數定。
十二地支十二時，

一日一夜有時辰，
黎民才把晝夜分。
三十日來為一月，
一十二月為一春，
他以太陽把日定，
又以太陰把夜分。
地皇成仙九霄雲，
壽高三百六十整，
才出人皇把位登。
按下地皇我不提，
再把人皇根底敘，
從頭到尾說給你。
行馬山前來出世，
尤氏兄弟共九人，
九人九處管天下，
那時才把九州分。
造上梯子造祥雲，
又以五方觀地形。
他在中央教黎民，
九人九處都太平。
黎民飢摘野果吞，
寒用樹葉遮其身。
他選才德做傭人，
製出高下分三等，
男女交歡無別分。

只知有母不知父，
君臣之義不分明，
人皇治世九千整，
駕坐東土中華地，
壽高一萬八千春，
江山才歸五帝君。
書到此處打個頓，
按下三皇我不論，
再講洪鈞老道人。
洪鈞老祖在洞門，
修行十萬八千春，
只見洪水還沒退，
來到山前散精神。
見到一樁古怪事，
五龍抱著葫蘆行。
老祖當著是妖精，
手提寶劍哼一聲，
五龍聽得老祖叫，
丟下葫蘆逃了身。
他將葫蘆來收起，
帶回洞中看分明。
他將葫蘆來打開，
現出兩個孩童身，
一男一女人兩個，
老祖開言問原因，

你是何方哪裡人，
姓甚名誰說我聽。
童男一聽開言道，
我是仙山發落人，
我父大洪洞內主，
洪未天子是他身，
我母東宮張皇后，
妹妹西宮李後生，
只因天地圓滿了，
十二會滿天地崩。
自從主皇開天地，
六十四代傳父親。
妹妹今年方七歲，
後花園中散精神，
忽生一根葫蘆藤，
藤長共有千丈零，
結個葫蘆在園門。
一日父親登寶殿，
神仙一本奏真言，
他說八月十五日，
洪水將要來泡天。
兄妹來在花園內，
洪波湧進花園門。
忽然葫蘆喳大口。
兄妹葫蘆來藏身，

隨著葫蘆漂蕩起，
不知過了幾多春。
多虧老祖來相救，
才沒一命喪黃泉。
當初天昏地也暗，
如今出世見青天。
當時地上無青草，
如今青枝綠葉生，
老祖聞言哈哈笑，
你是先天後代根。
老祖便把童男叫，
我今與你取下名，
取名就叫五龍氏，
相傳後代你為尊。
童男便把妹妹叫，
我們轉回東土城。
中州乃是人皇地，
封有龜蛇作大臣。
跨過東洋大海門，
不覺中土面前停，
拜見人皇公主身。
人皇天子開言問，
你是哪裡來的人？
兄妹二人忙告稟，
前因後果講分明。

人皇一聽哈哈笑，
原是先天洪未根，
如今世上無男女，
你們二人到此存，
不如聽我對你講，
你們二人成婚姻。
我勸你們兩個人，
配成夫妻傳後人。
童女忙把話來講，
「我與哥哥兄妹稱。
你要我們配為婚，
說千道萬也不行。
人皇天子開言勸，
「聽我從頭說分明，
只因洪水泡天後，
世上沒得真凡生。
如今雖有人無數，
都是山精樹木生，
也有金石化人體，
也有樹木成人形。
也有水石變人相，
也有蓬蒿化成人，
只有你們人兩個，
一男一女真肉身。
勸你二人成婚姻，

生男育女傳後人。
童男一聽忙答應，
便叫人皇你是聽，
若要我們成婚配，
除非你叫龜蛇臣，
它們兩個能說話，
那時方能結為親。
童男剛剛說完話，
龜蛇開口把話論。
人皇一見心歡喜，
又把童女勸一聲，
龜蛇它們說了話，
你們成親是正經。
童女一聽心發怒，
撿起石頭不留情。
舉石就將金龜打，
打成八塊活不成。
童女又把人皇叫，
金龜活了結成婚。
童男他把金龜度，
八塊合攏用尿淋。
金龜得了童子尿，
頓時活了金龜身。
人皇又把媒人做，
中州地方結為婚。

自從二人成婚後，
生下男女共九人。
長子取名伏羲氏，
妃山紀女管中州，
二弟取名神農氏，
妃趙紀女管湖州，
三弟取名高陽氏，
妃錢紀女管江州，
四弟取名祝融氏，
妃李紀女管伏州，
五弟取名葛天氏，
妃孫紀女管鴻州，
六弟取名人皇氏，
妃周紀女管遼州。
七弟取名燧人氏，
妃吳紀女管山州，
八弟取名有巢氏，
妃鄭紀女管鄀州，
九弟取名中人氏，
妃王紀女管雲州。
伏羲夫婦修行去，
混元老祖是他身，
東山才歸五帝君。
伏羲出世故事多，
歌師聽我從頭說，

看我說的確不確。
五帝伏羲他為首，
人頭蛇身生得醜。
華胥坐地把世出，
太昊是他生身母。
太昊無事來遊走，
來在華胥高山後。
見一巨人腳跡印，
太昊順著往前行，
心猿意馬拴不定，
聖母不覺動春心，
一條霓線紅其身，
從此身懷有了孕，
懷了三百六十春，
生下男女兩個人。
男兒伏羲是他號，
女兒女媧是她名。
他倆出生在紀城，
後來立為帝王君。
那時天下無黎民，
伏羲心中暗思情。
開言便把女媧叫，
有話說與你來聽，
「如今天下沒有人，
到底如何來調停。

不如我倆成婚姻，
生兒育女傳後人。
女媧一聽把話論，
叫聲哥哥聽原因。
沒有三媒和六證，
此事萬萬辦不成，
伏羲聽了這段話，
再把女媧請一聲，
你我若不成婚配，
凡間將會少人行，
女媧聽罷憑心論，
又叫哥哥聽分明，
若要你我來相配，
不知緣法如何定。
我今先把深山進，
你在後面將我尋。
若要我倆有緣分，
還看天意如何定。
如果將我找到了，
說明天意自憐人。
女媧言罷進山林，
一時三刻不見形。
伏羲依言把她找，
不知何處來藏身，
單身獨自好傷心。

按下伏羲我不論，
卻說混沌還未分，
有一金龜出了生，
不覺十萬八千歲，
修道悟法天地性。
那日它在靈山上，
心血來潮不安寧。
知道伏羲有天星，
他與女媧有緣分，
他就動身把山下，
要與伏羲把路引。
引他見了女媧身，
女媧一見心惱恨。
指著金龜罵連聲，
你這畜生多事情。
女媧怒罵不停口，
手執寶劍不留情。
伏羲一見心不忍，
女媧不容半毫分。
她把龜足來斬斷，
看你日後多事因。
金龜當即命歸陰，
化為四極到如今，
你看可憐不可憐。
伏羲女媧配婚姻，

天為主來地為證，
金龜便是做媒人。
伏羲他把金龜看，
金龜背上有花紋，
就以龜紋畫八卦，
畫出太極八卦紋。
伏羲女媧觀天相，
又觀山川日月星。
一個陽來一個陰。
又以兩極分四相，
四相又把八卦生。
取名乾坎與艮震，
還有巽離與兌坤，
陰陽順逆到如今。
先天八卦來形成，
把它丟下不談論，
伏羲女媧成婚姻。
一日女媧懷了孕，
懷胎二十四月整，
二十四月才降生，
生下男女兩兒身。
男子取名叫伏生，
女兒取名叫安生，
伏羲女媧心歡喜，
女媧又把伏羲稱，

只有你我生男女，
怎傳萬萬千千人。
伏羲當時把話論，
叫聲女媧你是聽，
不如你我用泥土，
多多做些黃土人。
女媧一聽心歡喜，
他們二人忙不贏。
挖出黃泥把人做，
泥人泥手泥眼睛。
再將血肉來相配，
接收天精和地靈。
剛剛把人做齊整，
忽然天降大雨淋，
二人一見慌了經，
拿起掃帚掃泥人。
泥人掃在洞府內，
免得又被風雨浸。
不覺過了一日整，
泥人個個成人身。
男男女女一大群，
行走說話樣樣能。
只因泥人未晾乾，
掃帚掃得變了形。
有的癱子有駝背，

耳聾眼瞎多得很。
傳下人苗到如今，
瞎跛癱子有原因。
有了黎民我不論，
伏羲本是仁德君，
婚姻禮樂從此生。
他今在世改元份，
青帝元年誰不聞。
三百六十單六春，
天下安樂享太平。
一日孟河起祥雲，
一匹龍馬降紅塵，
滿身長的河圖樣，
身高八尺有餘零。
背生河圖青氣現，
天下九州現了形。
伏羲一見心歡喜，
畫下河圖傳後人。
三皇治世九州分，
如今九州又現形。
九州河圖有了根，
又畫洛書寫易經。
一日伏羲心納悶，
無事玩山觀風景，
只見一陣微風起，

風吹樹響真好聽，
他今一聽忙不贏，
砍下樹木來做琴。
面圓底平天地相，
五根琴絃相五行。
長有三尺零六寸，
樂器便是他發明，
兼修人性達氣平。
在位三百五十春，
才出共工亂乾坤。
講起共工一段情，
共工怎樣亂乾坤，
聽我講與先生聽。
共工在位多無道，
祝融一見怒氣生，
領兵與他定輸贏。
共工兵敗走無門，
當時心中氣不平，
怒火衝天了不成，
一頭撞倒不周山，
斷了擎天柱一根。
崩了北方天一角，
從此天地變了形，
天傾西北北方冷，
地傾東南到如今。

天地動盪不安寧，
忙壞女媧女鈒裙，
當時一見怒氣生，
她是伏羲妹妹身，
飛劍才把共工斬，
除了一個禍害精。
好個女媧手段能，
又煉彩石補天庭，
她把四方鱉足斷，
地勢方才得其穩，
又聚灰土止洪水，
從此天地才安寧。
因此北方多寒冷，
北方寒冷有原因。
不提女媧手段能，
再講神農出世因，
治下五穀把田耕。
講起神農一段文，
從頭說與老先生，
不知說的真不真，
恐有不是莫談論。
還請先生莫性急，
聽我從頭慢慢敘，
此文還有詩四句，
前人作下七言律：

「聖人誕生自天工，
首出稱帝草昧中，
製作文明開千古，
補天溶日互蒼穹！」
四句詩文對你講，
還聽愚下敘端詳。
神農皇帝本姓姜，
南方丙丁火德王，
出生生得聖人相，
又號炎帝為皇上。
提起神農有根痕，
他是少典所親生，
母親嶠氏女賢能，
名號安登老夫人。
配合少典結為婚，
生下兩個小嬌生，
長子石蓮是他號，
次子神農是他名。
長子石蓮去崑崙，
崑崙山上去修行。
神農成人姜水邊，
故此姓姜立為君。
神農為君苦得很，
他嚐百草試藥性，
為民除病費精神。

又教黎民把田耕。
女子採桑蠶吐絲，
又教黎民貿易興。
天下真正享太平，
安享太平一百春，
出來七十二毒神。
滿天布下瘟疫症。
神農為了救黎民，
遍嚐百草識毒藥，
幾乎一命歸天庭。
喜有藥獅來相助，
神農急將解藥吞。
你看七十二毒神，
趕快商量逃性命，
神農知道毒神名，
毒神逃進老山林。
從此良藥平地生，
平地毒藥少見形。
千般典故都有根。
神農治世多清平，
作木為耒把田耕。
共數一百單八春，
出了夙沙一個人，
要反神農有道君。
箕文勸他不可反，

無奈夙沙太欺心。
箕文扯住不放行，
夙沙大怒殺箕文。
惹得百姓齊發怒，
群聚要殺造反臣，
夙沙一見事不好，
孤寡難做對頭人。
逃在首陽高山下，
百姓殺他一命傾。
神農治世三百春，
崩於長沙茶陵城。
自從神農把駕崩。
愉罔出世治乾坤，
反賊蚩尤氣不平，
領兵調將把戰爭，
愉罔一見顫驚驚，
嚇得三魂掉兩魂，
手下難得能幹將，
悄悄遷都讓反臣。
又有軒轅來出世，
他與蚩尤大交兵，
軒轅本是有能君，
生在河北涿鹿城，
寶附是他親生母，
一日外出荒郊行，

見一大霓繞北斗，
寶附一見動春心，
從此身懷有了孕。
懷胎二十四月整，
兩年滿了才臨盆。
寶附一見喜十分，
取名叫做軒轅氏，
又呼大號叫公孫。
他是一個明德君，
要殺蚩尤氣才平。
領兵來把蚩尤會，
蚩尤戰法勝九份，
口吐黑氣迷沉沉，
軒轅難做對頭人。
軒轅戰敗心中悶，
夜得一夢好驚人。
夢見三皇來召見，
從頭與他講原因，
你要去訪人兩個，
能殺蚩尤這反臣！
要知兩人是哪個？
風後力牧是他名。
三皇把話講完了，
只見蚩尤又來臨。
一見軒轅不留情，

舉劍劈他頂門心，
軒轅當時嚇一跳，
一身冷汗濕衣襟。
南柯一夢被驚醒，
夢中緣故記得清。
軒轅心中暗思忖，
此夢做的怪得很，
他依三皇夢中語，
去訪風後力牧門。
果然兩個都訪到，
二人本事真正能。
扶主軒轅把兵帶，
擺下無極八門陣。
蚩尤法術再不靈，
撞入無極八門陣，
頭昏眼花迷茫茫，
東西南北分不清，
風後力牧忙不住，
吹動戰車困他身，
殺得天昏地又暗，
蚩尤四下走無門，
四下戰車來圍住，
捉住蚩尤問斬刑。
蚩尤造反有神通，
他是反叛老祖宗，

風後力牧立大功。
軒轅殺了反叛臣，
國泰民安萬事興，
他命賢臣叫大撓，
天干地支配合成。
天皇只把天干立。
地皇只把地支分，
大撓將它合攏來，
取名甲子到如今。
隸首又把數字造，
加減乘除為算經。
伶倫造作律令旨，
軒轅親做指南針，
又命車區製衣襟，
又命岐伯寫內經。
軒轅死時有龍迎，
他騎龍身上天庭，
在位兩百單一春，
少昊接位治乾坤。
少昊本是軒轅子，
軒轅皇后嫘祖生，
群臣把他立為君。
太子登基坐天下，
天降奇怪害黎民，
青天白日出怪鬼，

龍頭蛇身怕煞人。
只因鬼怪難治服，
少昊嗚呼一命傾，
少昊駕崩八十四，
葬在兗州曲阜城。
雲陽山上安葬地，
後出顓頊把位登。
按下顓頊暫不論，
花開兩朵講別人，
巧女難繡兩面針。
再說三皇五帝君，
還有好多好經文，
仁兄莫嫌我舌笨，
愚下慢慢敘你聽。
三皇治世五龍氏，
打獵就是他發明，
打猛虎來獵獸禽，
每日奔走在山林，
那時哪裡有煙火，
打的獵物生的吞，
又有鉅靈氏出生，
他今出世好聰明，
開險道來走行人，
水旱道路齊修平，
皇覃氏來有根本，

這時鳳凰才出生，
鳳凰來後出聖明，
三雙六隻一路行。
此是三皇年間事，
五帝年間出能人。
伏羲治世有巢氏，
他的出生怪得很，
他今原是五龍生，
出世香氣霧沉沉，
後來他把雀巢架，
能蔽陽光和雨陰。
後人造房有根痕，
他是太祖老先生，
此時人多人吃獸，
若還獸多獸吃人，
百姓專打鳥獸吞。
神農在位出巧事，
梅山白猿生一子，
取名叫做燧人氏。
那日他在山上行，
兩石相擊冒火星，
鑽木來把火星取，
煙火就是他發明。
他用桑柘並槐檀，
取出煙火教黎民。

不管獸肉與草根，
用火烹煮養性命。
軒轅治世史皇氏，
結繩記事他發明，
還有倉頡造文字，
觀天相來擬象形，
天下萬物一齊生，
他給萬物都取名。
又出祝融聽鳥音，
作下音樂傳後人，
一直流傳到如今。
按下一處講一處，
再講顓頊坐皇都，
歌師聽我說根古。
顓頊高陽把位登，
多有鬼怪亂乾坤，
先是東邊小兒鬼，
身高一尺零八寸，
青天白日它出現，
家家戶戶要乳吞，
嚇得黎民紛紛亂，
多虧大膽公孫平，
將鬼拿住用繩捆，
丟進深潭裡面存，
待到日落天色晚，

小鬼依然又上門，
幸有天師下凡來，
他的法術無比能，
又將小鬼來拿住，
埋進黃土萬丈深。
上面用的桃木釘，
石頭壓得緊沉沉。
東邊剛剛太平了，
西邊又出女鬼精，
領著八十女鬼怪，
鬧得西邊不安寧。
黎民一見更害怕，
來了三個黃衣人。
他們三人來降鬼，
走路如同在騰雲，
空樹之中捉女鬼，
方使西邊得太平。
顓頊在位七十八，
葬身卜陽東昌城，
帝嚳高辛把位登。
高辛登位不走運，
子台建都坐龍廷，
如今河南偃師城。
可恨房王膽子大，
領兵造反叛高辛，

高辛有只五色犬，
常跟高辛不離身，
好個寶犬有靈性，
知道房王有反心，
一日它見房王面，
房王見它好歡欣，
以為得了高辛犬，
江山該他坐得成，
忙設酒宴待王犬，
把它當作上大人，
深夜房王睡著了，
王犬一見忙不停，
它將房王頭咬下，
銜著首級見高辛，
房王反賊見閻君，
天下百姓好歡迎。
高辛娶了陳氏女，
慶都就是她的名，
慶都剛滿二十歲，
只見黃龍來附身，
懷孕一十四月整，
丹陵之下生堯君。
高辛又娶諏訾女，
名曰常儀是她身。
一日常儀生一子，

子摯乃是他的名。
元妃姜原生稷子，
次妃簡狄女釵裙，
生下子摯在宮廷，
卻在朝中扶為政。
高辛壽活七十三，
在位五十五年整。
頓丘山上葬墳塋。
子摯登位政事昏，
百姓將他把罪問，
他才把位讓堯君。
堯帝為君好聖明，
仁義治世民感恩。
天道不常民遭瘟，
天上三十六日出，
烈焰當空人難存，
禾苗樹木全曬死，
百姓地穴來藏身。
天下狂風遍地起，
樹木吹上九霄雲。
還有三怪獸豬蛇，
它在凡間亂吃人，
堯帝當時心膽寒，
嚇得三魂少兩魂。
開言忙把后羿叫，

你看如何來調停。
后羿忙把我主叫，
還請我主放寬心。
我今速去細查看，
看看是些啥原因。
他將神箭隨身帶，
要去射殺三怪精。
三怪一見后羿面，
張牙舞爪好嚇人。
后羿一見心惱恨，
張弓搭箭不留情，
三妖中了后羿箭，
一命嗚呼把命傾。
雖然殺了三妖怪，
狂風依然還不停。
后羿當時怒氣生，
要尋風伯問罪名，
他今來把風伯見，
見了風伯把話論。
大膽風伯還得了，
為何如此害黎民。
你今若還再這樣，
小心神箭不留情，
風伯一聽害了怕，
息了狂風無蹤影。

后羿抬頭來觀天，
三十六個太陽星。
滿天之下熱得很，
后羿渾身汗淋淋。
他今一見忙不過，
取下弓箭忙不贏，
當時弓開如滿月，
指定太陽不留情，
一箭一個太陽落，
兩箭雙日降埃塵，
連射三十零五箭，
三十五日不見形，
后羿又把箭來取，
空中一聲如雷鳴，
日光仙子開言道：
有勞后羿除妖星，
如今妖星都除盡，
從此凡民得安寧。
后羿一聽忙下拜，
拜見日光太陽神。
一輪紅日照九州，
有陰有晴萬物生。
堯帝在位七十二，
帝子丹朱不肖名。
堯帝讓位許由坐，

他把丹朱貶房陵。
許由當時不答應，
將身躲於箕山林。
堯將其位讓子交，
子交推說病在身，
堯帝當時心難過，
江山到底讓誰人？
招集群臣來商議，
群臣個個不做聲，
堯帝心中好納悶。
一日他把厲山上，
見了舜帝把田耕，
堯帝與他把話論，
問他天下大事情。
舜帝對答甚分明，
堯帝一聽心歡喜，
要讓舜帝治乾坤。
講起舜帝他的根，
瞽瞍就是他父親，
握登乃是他母親。
握登生舜姚墟地，
故此以姚為姓名。
軒轅是他八代祖，
他是軒轅後代根。
舜帝出世苦得很，

三歲之上喪母親。
他父又把後母娶，
後母涂氏娶進門。
涂氏後母少德行，
把舜當作外姓人。
涂氏生了一男子，
取名曰像是他名。
自從象弟落地後，
父母愛他如寶珍。
後母常把妄言進，
哄得其父變了心，
他們只把象弟愛，
好像多了舜一人。
一心想把舜來害，
沒得理由不能行。
舜帝長到二十春，
他到厲山把田耕，
後母送飯把藥下，
黃狗吞了命歸陰。
也是舜帝福分大，
沒有傷他半毫分。
舜帝勤耕於厲山，
又到雷池做漁人，
時常放羊演河邊，
又製陶瓦在河濱。

自從堯帝相見後，
便把二女嫁於舜，
長女名字叫娥皇，
次女名字叫女英。
二女與舜配為婚，
堯帝有心傳帝位，
想讓舜來為帝君。
舜帝一日回家轉，
對他父母講分明，
繼母一聽心惱恨，
象弟一聽起妒心。
母子一起來商議，
心狠手辣毒計生，
他們叫舜進倉庫，
象弟放火燒他身。
也是舜帝命沒盡，
一個斗笠面前存，
連忙將它頭上戴，
化翅飛向半天雲。
哪怕烈火高萬丈，
舜帝也能出火坑。
象弟見舜沒燒死，
又生一計來害人。
他叫舜去淘水井，
象弟後面緊緊跟，

等舜將把水中下，
他將石頭井中扔。
說到他家枯水井，
乃是狐狸古洞門，
舜帝掉進狐狸洞，
聽見象弟把井平。
舜帝生來福分大，
狐狸引他逃了生。
將身回到書房內，
彈起琴絃散散心，
象弟母子一聽見，
嚇得三魂掉二魂，
後來舜帝立為君，
國泰民安多太平。
又有黃龍負河圖，
越常又獻千年龜，
朝中一日有祥瑞，
八元八愷事舜君。

舜為天子號有虞，
不記象仇封有神，
心不格奸仁義真。

舜流共工於幽州，
放歡兜於崇山，

殺三苗於三危，
殛鮮於羽山，
後來才生禹。

舜因巡獵崩蒼梧，
娥皇女英心中苦，
終日依枕哀哀哭，
淚水漲滿洞庭湖：
「我父在位五十年，
一旦辭世歸了天，
丟下商均子不賢，
我們姊妹無靠山，
怎不叫人淚漣漣。」

舜帝過後誰出生？
又有誰來治乾坤？
又請歌師說分明。

舜帝過後出大禹，
夏後禹王號文明，
受舜天下管萬民，
國號有夏治乾坤。

堯的父親名叫鯀，
以土掩水事不成，

天上盜息壤，
上帝發雷霆，
斬於羽山屍不爛，
後生大禹一個人。

禹王治水多辛勤，
疏九河來鑄九鼎，
從此九州才有名。
三過其門而不入，
決汝議來洀淮泗，
瀹濟漯河都疏通，
引得水而歸海中，
十三年來得成功，
天下無水不朝東。

禹王告命塗山上，
塗山氏女化石像，
行至茂州遇大江，
大禹仰面告天上。
黃龍叩首即回還，
渡過黃河到塗山，
天下諸侯都朝見，
黎民都樂太平年。
禹王為君真賢能，
治水千秋定乾坤，

一飯食其身，　　　　　　　不失分寸於百姓。

慰勞民間情，

出外見苦人，　　　　　　　禹王在位二十七，

下車問原因，　　　　　　　南巡諸侯至會稽，

得知傷心處，　　　　　　　一旦殂落歸天去，

兩眼淚淋淋。　　　　　　　至今江山留勝蹟。

左規矩，右準繩，

黑暗傳──原始資料本之一說明：

　　是唐義清轉抄其父唐文燦的手抄本。吳承清蒐集。這本資料沒有錄進「多種版本彙編」。

黑暗傳

—— 原始資料之二

唯有唱歌之人膽子大，
火不燒山石不炸，
歌不盤本人不怕。
古來混沌有爹媽，
然後它才分上下。
為什麼分四分？
為什麼分八卦？
為什麼分陰陽？
為什麼分造化？
昔日草裡尋蛇打，
歌師知得這根芽，
好好對我說實話。

歌師提起混沌祖，
我將混沌問根古，
不知記得熟不熟？
什麼是混沌父？
什麼是混沌母？
混沌出世哪時候？
還有什麼在裡頭？

歌師對我講清楚，
我好拜你為師父。

當時有個溟涬[1]祖，

瀦淉生浦湜，
浦湜本是混沌父，
瀦淉就是混沌母，
母子成婚配，
生出一圓物，
泡羅[2]萬象在裡頭，
好像雞蛋未孵出。

汗青又出世，
瀦淉變滇汝。
混沌從前十六路。
一路生瀦淉，
瀦淉生浦湜，
浦湜生滇汝，
二路生江泡，
三路生玄真，

四路生泥沽，
五路生汗水，
六路生湜沸，
七路生湧泉，
八路生泗流，
九路生紅雨，
十路生清氣，
十一生涬沸，

十二生重汗，
十三生浬汦，
十四生浮浬
十五生洞潘，
江沽他才造水土。
（下缺）

油波滇氾消沸化，
口含吐水放金霞，
他比混沌十個大。
波泥軋坤化雷電，
青氣上浮成了天，
赤氣下降為地元。
九壘三磊十二焱，
焱焱森森服，
渴渴汖汖汖波潭。

下有赤氣降了地，
內有泡羅吐清氣，
生出一個叫元提。
唯有元提有一子，
一子更名叫沙泥，
沙泥傳沙滇，
沙滇傳沙沸，
沙沸傳紅雨，

紅雨轉化極，
化極傳苗青，
苗青傳石玉。
誰人知得這根基，
你看稀奇不稀奇？

一聲閃電沙泥動，
霹靂交加雷轟轟，
分開混沌黑暗重。
唯有黑暗根基深，
哪位歌師他曉明？
化得混沌有父母，
化得黑暗無母生，
黑暗出世有混沌，
混沌之後黑暗明，
才把兩儀化成形。
兩儀之後有四象，
四象之中天地分。
然後才有日月星。
非是愚下無學問，
鼓上不敢亂彈琴。

提起黑暗一老祖，
一無父來二無母，
你看怪古不怪古？

當日有個江沽³皇，
出世他在水中藏。
原是水爬蟲修練，
修成龍形百丈長，
他有兩個徒弟子，
名叫奇妙和浪蕩，
一天游到水上玩，
見一物體放豪光，
他倆來到跟前望，
一匹荷葉無比大，
一顆露珠⁴葉裡蕩，
浪蕩子一見甚可愛，
一口吞下腹中藏。
奇妙子忙去稟師父，
一下氣惱江沽皇：
「露珠原是生天根」，
罵聲「膽大小孽障，
生天無根怎得了」。
一下咬住浪蕩子，
屍分五塊丟海洋。
海洋里長出崑崙山，
一山長出五龍樣，
五龍口裡吐出血水，
天精地靈裡頭藏，
陰陽五行才聚化，

盤古懷在地中央。
懷了一萬八千歲，
地上才有盤古皇，
身長一尺，
天高一丈，
始分清濁有陰陽。
愚下一步到喪前，
聽到歌師講黑暗，
我今領教問根源。
聽說仁兄講得熟，
當日有個混沌祖，
天地自然有根古。

內中他還有一物，
名曰泡羅生水土，
土生金，金生水，
水上之浮為天主，
刺鑿其額名江吳[5]，
三爻五爻是乾象，
飛龍化在羽毛毒，
無天無日無星斗。
糊裡糊塗說出口，
哪個知得這根古？
（下缺）

註釋：

1　漁淥（音悠汗），來歷不詳，她傳下十六代，大概都是造水神的祖先。

2　泡羅，指天地混沌時期，產生的一種類似水泡似的原始胎胞，由此產生萬物。

3　江沽，造水之神，關於他的故事情節，由於原始資料缺頁不詳。據歌手們說，江沽之前，只有青赤兩種氣體，江沽使二氣相合，才造出水來。江沽原來為水爬蟲修練而成。

4　荷葉露珠，原為天的萌芽，後被浪蕩子所吞。

5　據莊子《天運篇》所載，混沌是中央之帝，無鼻子無眼，由他的兩個朋友忽和悠刺鑿出七竅，結果被鑿其額而死。頭顱化為乾象（天象）。又載「帝鴻氏之子裔子渾敦（即混沌）」。

黑暗傳——原始資料之二說明：

　　本版本及之後七個版本資料均摘自《神農架黑暗傳多種版本彙編》。這個版本藏抄者曾啟明，林區松柏鎮堂房村人，黨員，六十三

歲，農村山歌手。舊社會上過兩年私塾。

大約在一九四六年，他在房縣西蒿坪給一家私人鐵廠搬運礦石時，他從一個同伴那裡借來一本手抄本《黑暗傳》轉抄，後來由於那個同伴將手抄本要回，他只抄了片斷。

就他所抄的幾個片斷的內容來看，首先提出混沌父，混沌母，混沌田，母子婚配後又傳下十六代，一大串帶三點水的怪名字，似乎都是與水的起源有關，那些名字是否與道教，或佛教有關？現在還不可能作出解釋。特別是江沽造水（他如何造水的情節，因為手抄本缺頁，還不十分清楚），在中國神話傳說中，還屬少有。共工是個水神，但沒說他造水。這種遠古人類對水的來源的解釋是很獨特的。

還有，有關水之萌芽起源於荷葉上的露珠，後被浪蕩子吞掉，江沽把他屍分五塊，化成五座高山，地才有實體，這也是一個新奇獨特的神話，也不見經傳。這種神話傳說，大概是起源於長江流域的水鄉，碧綠的荷葉上是晶瑩的露珠，如果長成天，顯得多麼清澈而明亮啊。

另外，混沌被刺鑿其額的神話又與《莊子》的記載吻合。

總之，雖然是幾個片斷，包含了幾個新奇的神話傳說，它是「極其珍貴」的（袁珂語）。

黑暗傳
—— 原始資料之三

來在歌場上前站，
聞聽歌師講黑暗，
隨著黑暗這根基，
那時哪有天和地，
那時哪有日月星，
人與萬物皆未有，
到處都是黑沉沉。
有個老母[1]黑天坐，
神通廣大無比倫，
石龍老母是她的號，
又收復元[2]一門人。
復元法術多妙哉，
出世才把仙根埋，

長出玄黃老祖[3]來。
玄黃出世玄又玄，
無有日月共九天，
無山無水無星斗，
更無火來又無風，
也無人苗和萬物。
講起玄黃他的根，
還有四句好詩文：
一塊黃石九丈高，
周圍四方出仙苗，
老祖坐在石台上，
放起霞光透九霄。

按下玄黃我不說，
一朵青雲往下落，
長出崑崙山[4]一座。
自從崑崙它長成，
不知過了多少春。
崑崙生出五條嶺，
生出一個五龍形，
曲曲彎彎多古怪，
五龍口中流紅水，
聚在深潭內面存，
就在此處結仙胎，
盤古從此長出來。
盤古出世多古怪，
引出四句詩文來，
歌師聽我唱開懷。
「盤古出世雷聲響，
一股靈氣透天光，
衝開黑暗雲和霧，
小小微亮在西方。」
盤古出世我不提，
玄黃門下一徒弟，
黑暗傳上有名的，
姓為子名義人，
他是玄黃一門生。
玄黃身坐法台上，

喚來他的小徒弟：
「為師叫你無別事，
你上崑崙走一程，
崑崙山上有寶珍，
將它拿來交於我，
快去快來莫消停。」
義人遵了師父的令，
忙在崑崙山上行，
來在崑崙四下尋，
見一珠寶在此存，
彎腰下去正在撿。
忽然前面來一人，
子義只顧將他看，
不顧取得寶和珍。
那人搶了那珠寶，
將它拿在手中心。
子義一見心大怒，
叫聲來的是何人，
怎敢搶我貴寶珍？
此人一聽心大怒，
怎麼這等無禮信！
你要問我名和姓，
聽我從頭說分明：
「我名就叫浪蕩子，
專到此處取寶珍。」

子義當時聽得清，
又把浪蕩叫一聲：
「此乃是我師父的寶，
你敢拿去胡亂行。」
浪蕩子一聽怒火起：
「你若再說三不敢，
我就把它一口吞！」
子義一聽怒生嗔：
「你不敢不敢真不敢，
不敢吞我寶和珍！」
三個不敢說完了，
浪蕩子就把天來吞。

浪蕩他把天來吞，
子義一見怒生嗔，
把他拉住不放行。
拉拉扯扯下崑崙，
吵吵鬧鬧不留停，
一齊來見玄黃祖，
玄黃老祖開言問。
子義上前來回稟，
口裡連連叫師尊：
「弟子奉了師父命，
前去山上取寶珍，
誰知來了浪蕩子，

搶了師傅貴寶珍，
弟子與他把理評，
他就拿下來口吞。」
玄黃一聽怒氣生，
便把浪蕩罵幾聲，
「吞了天來了得成！」
當時法台傳下令，
吩咐奇妙子一人，
快把浪蕩拿下去，
把他拿來問斬刑，
奇妙領了玄黃令，
斬了浪蕩小畜生，
屍分五塊成五行，
從此五方有了名。
左手為東右為西，
左腳南來右腳北，
東西南北有根痕。
首級又把中央定，
一個正身難得分，
來了盤古到此地，
手拿斧頭不留情，
劈開兩半上下分，
開天闢地有了名。
盤古來把天地劈，
清濁二氣上下離，

從此有了天和地。　　　　　兩指代剪卻為真，

盤古他把天地分，　　　　　善能安排天和地，

此處還有好詩文，　　　　　剪起繚繞霧沉沉。

四句詩詞講得明，　　　　　四句詩兒不打緊，

聽我唱給眾人聽：　　　　　多少歌師不知情。

舉斧開天真奇異，

註釋：

1　傳說黑暗時代有一個「黑天老母」，又叫石龍老母，來歷不詳。

2　復元，黑天老母的門徒，意為他能使天地復元。

3　玄黃，恐怕出於《老子》與《詩經》，老子解釋「玄」為：深奧、幽遠、神妙，玄，黑而赤也。（《傳》）。「玄牝之門，是謂天地根」（《老子‧六章》）「載玄載黃，我朱孔陽」（《詩經‧豳風》）。「天地玄黃」（《千字文》），北方為玄天，水色裡，故曰玄天（《呂覽》）。

4　崑崙山，神話傳說中的「神山」，形成著名的「崑崙神話」系統，最早見於《山海經》、《天問》。

黑暗傳——原始資料之三說明：

流傳在神農架林區朝陽鄉水果園村。

轉抄者唐義清，二十五歲，初中文化程度，愛看民間雜書，其父唐文燦，六十五歲，老民間歌手。資料之三為唐文燦所記得的片斷，由唐義清記錄轉抄的。一九七四年六月，我（胡崇俊）請唐義清在當地幫我蒐集《黑暗傳》，他答應給我蒐集一部完整的木刻本。當年七月初他託人給我，他轉抄的幾段，以後再也沒有見到他。

資料之三內容也是從無天無地無日月的混沌黑暗談起。從石龍老

母、復元老祖、玄黃老祖，到長出崑崙山、長出盤古，浪蕩子吞天（軀體），分為兩半，上為天，下為地。從此有了天地。情節雖然簡略，除了盤古是人們熟知外，其餘的神，都是陌生的神話人物，不失為一個新奇獨特的神話。

黑暗傳

—— 原始資料之四

青龍山，為陰地，
崑崙乃是陽山林，
從此陰陽來相感，
配合陰陽二山林。
且說崑崙山一座，
一道赤氣起空中，
左邊崑崙來接起，
一道白氣透九重。
中間黃氣往下降，
山前黑氣往上升。
五色瑞氣空中現，
浩浩蕩蕩結成團。

結成五色一圓物，
一聲響亮落地平。
又見一道紅氣起，
空中結起五彩雲，
五道光華空中現，
崑崙山上亮通紅。
此人又往黃處走，
原是黃石面前存，
黃石高來有九丈，
十二丈為周圓，
此人就在石上坐，
一陣清風來到臨，

哈氣黃石來變化，
變成九色蓮花台身，
此人坐在蓮台上，
心中歡喜有十分，
自己細細來思想，
要給自己取姓名，
先看兩山之間，
有二孔，
內藏「玄黃」二字文，
一個玄字就為姓，
一個黃字就為名，
玄黃自己取了名，
坐在蓮台真歡心。

青龍山上白光起，
左邊崑崙黃光生，
結一圓物空中現，
落在崑崙山中存，
隨風一吹成人形，
身子長來有九丈，
膀闊五周有餘零。
眉清目秀聖人形，
忽然抬頭往下看，
四周黑暗不分明，
中間半山霞光起，

照得山上放光明，
此人直往亮處走，
一座蓮檯面前存，
看見一人坐上來，
遍體金光透虛空，
頂上慶云垂瓔珞。
此人看罷開口問：
「蓮台坐得是誰人？
為何不言又不語？
一人獨坐為何因？」
玄黃老祖開言道：
「吾今在此來修身，
打會修身煉無氒。」
此人雙膝跪在地，
口稱「師父收我身，
我今願做一門生」。
玄黃睜眼將他看，
看他形格是神人，
此人後來大作為，
原是二氒來化身。
玄黃老祖開言問：
「你今若無名和姓，
就取奇妙是你名。」
此人一聽心歡喜，
手掌雙合拜師尊。

玄黃忙把徒弟叫：
「你我上山走一巡。」
說罷下了蓮花台，
二人遊玩看山林，
師徒遊玩有幾日，
看見一座石洞門，
石門框來石門檻，
就像黃金一般形。
師徒來把二門進，
舉目觀看喜十分。
內有常開不謝花，
一步一處好風景。
師徒心中多歡喜，
不覺又到三層門。
當中寬闊又高大，
無邊景緻愛煞人。
三層以內多熱鬧，
正是一座洞府門。
老祖來把徒弟叫：
「你我洞中無名字，
我想立碑刻下名。」
老祖走在洞門外，
立下一碑在一門。
此碑高有五丈三，
寬約四丈有餘零。

碑上刻著詩一首，
題詩一首作證明：
「西域地方獨生吾，
能知變化長生衍，
掌握皆歸內發出，
能制天地玄機關。」
又在頭門刻對子，
一十八字表分明：
玄三三五夭化身萬萬，
天六六天忌成劫七七。
頭門刻的「鴻蒙洞」，
玄黃走進二層門。
二門刻得「波恩宮」，
三層門上刻對聯：
「一粒粟中葳世界，
半邊鍋中煮乾坤。」
三門取名「游雲宮」，
師徒宮中來住下，
修身養性煉真身。

玄黃老祖洞中坐，
不覺心中好煩悶，
老祖叫聲奇妙子，
「隨我出洞散精神。」
玄黃抬頭來觀看，

山下「地眼」放光明。
青赤二氣團團轉，
結成圓刕圖形，
一聲響亮落大地，
落在玄黃山上存。
山上一塊平坦地，
落在「滑塘」亂滾滾，
圓物亂滾不打緊，
放出豪光怕煞人，
豪光亂擾真古怪，
玄黃仔細看分明。
此時是天來出世，
有詩一首作證明：
「天生黍黍落滑塘，
內藏五鳥接三光，
中藏五山並八卦，
玄黃頭髮分陰陽。」
玄黃此時看分明，
忙叫徒弟奇妙身，
「你可去到山頂上，
滑塘落下一寶珍，
溜溜滾滾一圓物，
快去撿來莫消停。」
奇妙子當時領了令，
來到山頂看分明，

只見一塊大岩石，
岩石百丈有餘零。
當中一條深溪澗，
名為「五行滑塘坑」，
圓物落在壙中間，
溜溜滾滾不住停。
細看圓物不多大，
不過三尺零五分，
奇妙子看了多一會，
正要伸手取寶珍，
空中急忙一聲喊，
天空飛下一個人。
此人身長有五丈，
紅面黑鬚黃眼睛。
四個獠牙巔倒掛，
眉如鋼刀眼如釘。
落在滑塘不說話，
伸手就要拿寶珍。
奇妙子一見高聲罵：
「休要撿起貴寶珍。
此是我師玄黃寶，
特派我來取寶珍。
你今如何來撿寶？
姓甚名誰何處人？」
此人名叫浪蕩子，

他是一氣為化身，
正要伸手來撿寶，
忽聽喊叫著一驚。
浪蕩子連忙抬頭看，
看見奇妙子一人。
浪蕩子開口把話問：
我今問你名和姓，
為何到這裡搶寶珍？
我今是來此取寶，
看你把我怎麼行！
奇妙子說你撈壞了，
「撈壞叫你一命傾。」
浪蕩子說：「只要惹我發，
一口鯨吞你寶珍。」
奇妙子說：「你不敢！」
浪蕩子開言把話論：
「只要你說『三不敢』！」
奇妙一聽氣沖沖！
「諒你不敢真不敢，
真的不敢吞寶珍。」
浪蕩子伸手搶珍寶，
就是一口肚內吞，
呼嚕一聲來吞下，
駭壞奇妙子一人。
大叫一聲跳過去，

你好大膽子吞我寶，
去見我師說分明！
奇妙子將他來拉住，
拉拉扯扯見師尊。
奇妙子雙膝來跪下，
連連來把師父稱：
「那寶是他一吞了，
只看師父怎施刑。」
玄黃一見浪蕩子，
大罵畜生不是人，
「為何見我不跪稟，
姓甚名誰說我聽！」
浪蕩子這裡開言道：
「你等在上聽原因，
東海有個東道主，
荷葉老祖是他名，
我是他的一弟子，
特派我來取寶珍。
吾神安得給你跪，
惹怒老祖不饒人！」
「今若你要不屈跪，
好生站住聽吾言。
氣正萬化我為先，
煉好萬化出先天，
黑黑暗暗傳大法，

威威武武出玄黃。」
玄黃一遍說完了，
浪蕩子微微笑幾聲：
「你說你的威力大，
吾神不信半毫分，
到底把我怎麼辦？
我卻不怕你逞能！」
玄黃一聽心大怒，
手挽劍訣制罰人，
訣劍一挽喝聲：「斬！」
半空飛下一劍根。
連把畜生罵幾聲了，
「快把寶物交給我，
萬事甘休不理論！」
浪蕩子一聽心大怒，
就罵玄黃老畜生，
「你那寶物我吞了，
看你把我怎施刑！」
玄黃一聽手一指，
「嘩」的一聲要斬人。
一口飛劍如風快，
一聲響亮頭落地，
屍分五塊命歸陰。
寶劍斬了浪蕩子，
依然飛上半天雲，

飄飄蕩蕩不落地，
只在老祖頭上巡。
玄黃靈章口中念，
寶劍「嗖嗖」落在身，
此劍斬了浪蕩子，
五塊屍體五下分。
腸中流出那寶珍，
那寶在地上亂滾滾。
玄黃一見不消停，
開口便叫奇妙子！
「此是二炁化紅青，
它是天地產育精，
青的三十三天界，
黃的地獄十八層。」

玄黃開言把話明，
「吾將葫蘆與你拎，
拿到入得池邊去，
取水一葫蘆見我身。」
要得葫蘆玄妙處，
有詩一首作證明：
小小葫蘆三尺高，
玄黃山上長成苗，
裝進五湖四海水，
不滿葫蘆半中腰。

小小葫蘆三寸零，
奇妙子忙將葫蘆拎，
後將葫蘆放水中，
打滿奉與老師尊。
上前觀看浪蕩子，
屍首五塊五下分，
忙將葫蘆來洗身，
名為甘露水度人。
每塊屍上吹口氣，
死屍借炁化人形。
頃刻五人來跪下，
臉分五色五樣形。
一人身高五丈五，
面如鍋底一般形；
一人身長三丈五，
面如胭脂來染紅；
一人身長有九丈，
面如藍靛一身青；
一人身長有七丈，
面如白霜似銀人；
一人身長有一丈，
面如黃金一樣形。
五人抬頭四下看，
四方黑暗不分明。
一眼看見玄黃祖，

一個葫蘆手中存，
五人上前開口問：
尊聲你是什麼人？
拿得一個什麼寶？
萬道金光照眼睛。
玄黃微笑來答道：
「西天未生吾在先，
曾將玄妙煉真金，
先生吾來後生天，
黑暗未有日月星，
若問老祖名和姓，
玄黃真一我的名。」
五人一起跪在前，
一齊來把師父稱：
「望乞師父收留我，
願拜師父做門人。」
老祖說道「好，好，好」，
我與你們取下名，
注定金木水火土，
先天五姓五個人。
一人取名『知精準』，
名曰星辰火德君；
在天為雨又為雲，
在地為水又為冰，
歸在人身為血水，

北方壬癸水為珍。
一人姓孔名『明宴』，
故名楚域星德君，
在天為日又為閃，
在地為火又為煙，
歸在人心為心火，
南方丙丁火為精。
一人取名『人知孫』，
故曰『攝提青龍星』，
在天便為梭欏樹，
在地便為木和林，
歸在人身為肝木，
東方甲乙木中金。
一人取名『義長黃』，
又名太白長庚星，
在天為雷又為電，
在地為銀又為金，
歸在人身為肝經，
西庚辛金之精。
一人取名『義厚戟』
故名中央匈陳星，
在天為雨又為霧，
在地為土又為塵，
歸在人身為脾胃，
中央戊己土之精。」

老祖取名方才了，
五人一齊來謝恩，
屍分五塊變人形。

老祖出了鴻蒙洞，
後跟弟子眾門人。
老祖帶領眾弟子，
遊山觀景往前行，
來到崑崙山一座，
樓台殿閣好風景。
重殿九廳有九井，
玉石欄杆兩邊分。
鳳閣凌霄真華美，
此地景緻愛煞人。
玄黃師徒正觀看，
一陣狂風掃山林，
吹起黑風遮天地，
烏雲騰騰怕煞人。
老祖滾過風頭去，
抓住風尾把話論，
開言便叫眾弟子：
「謹防惡獸到來臨！」
一言未曾說完了，
跳出一個猛獸禽。
張牙舞爪多厲害，

有詩一首作證明：
頭黑身綠尾色黃，
六足色白紅眼睛。
毛似黃金色一樣，
二角五尺頭上生。
此獸高有四丈五，
足長六尺有餘零。
獠牙四個如鋼劍，
張口似簸名混沌。
眾位弟子來看見，
個個嚇得顫驚驚。
只有老祖他不怕，
上前幾步喝一聲：
「畜生，快來歸順我，
免得吾來費辛勤！」
混沌開口來說話：
「我有玄妙大神通；
你不知我生何處，
你且站住聽我云。」
混沌吟出詩四句，
詩中根由是真情：
「吾神本是土中生，
煉此全身無量神，
借山元氣養吾身，
黑暗獨生吾混沌。」

玄黃聽得微微笑：
「不過畜中你為尊，
怎比吾神神通大？
有詩一首作證明：
『真一生花天未天，
遇得五色寶蓮台，
煉此金身法遠邊，
天下獨一顯奇才。』」
混沌聽言叫老祖，
「任你怎麼我不順，
你我口說不為憑，
各顯神通定假真。」
混沌把鼻吼三下，
一道黑煙往上升，
黑煙之中現一寶，
身長一丈不差分。
此寶能長又能短，
能粗能細貴珍寶，
金光閃閃怕煞人。
混沌也有兩隻手，
藏在頸項裡面存，
混沌雙手來拿起，
對準老祖下無情。
玄黃轉身來躲過，
忙在耳邊取寶珍，

就把耳朵拍一掌，
放出白光往上升，
白光之中現一寶，
此寶名為定天針。
此針只有一丈長，
老祖拿在手中存，
招架混沌鎮天棍，
一神一獸大相爭，
交鋒幾合無勝敗，
混沌又放寶和珍，
用手朝天指一下，
放出三個惡鳥身，
一個叫做鶹鵐鳥，
紅嘴黑身金眼睛；
二個叫著鴉鵃鳥，
三手六足綠眼睛；
三個叫做鳰鵬鳥，
六目三翹賽大鵬。
玄黃一見取珍寶，
陰陽錦囊祭空中，
收了混沌三件寶。
混沌又放寶和珍，
眼睛朝上翻一下，
大火熊熊空中騰，
滿天火光高萬丈，

要燒玄黃一個人。
玄黃取出一件寶，
雌雄化丹空中呈，
大叫一聲「快快變！」
變成一鳥空中騰，
此鳥名叫鶹鵁鳥，
口吐大雨似傾盆。
一日大火俱滅了，
混沌一見吃一驚，
搖身變成狐狸獸，
搖頭擺尾要吃人，
玄黃一見也變化，
變只狻猊更威風。
混沌一見來變化，
拔下毫毛八十一根，
變成八十一混沌，
個個拿得鎮天棍。
困住老祖大相爭，
玄黃搖身也變化，
變了一千玄黃身，
個個手中拿兵器，
拿得定天針一根，
圍住混沌大交兵。
混沌急駕祥雲去，
大叫玄黃你且聽：

「你今若有真手段，
敢到空中定輸贏？」
玄黃這時微微笑！
「我何曾怕你畜生！」
雙足一跌駕雲去，
兩個空中又相爭，
戰得混沌心煩惱，
身上又取一寶珍，
此寶名為蒙獸寶，
玄黃一見忙不住，
取出葫蘆手中存，
拿著葫蘆一拋去，
惡物猛獸收乾淨。
混沌一見破了法，
大吼一聲如雷鳴。
口中放出一寶劍，
此劍名叫無形風，
要說此風多厲害，
無影無形又無蹤。
看見人形它追趕，
神仙遇著也遭凶。
先從頂門來吹進，
吹進五臟人無蹤。
玄黃乃是五氙化，
根本不怕無形風，

東風吹來往西走，
南風吹來往北行。
吹得玄黃心煩惱，
便把錦囊來拋起，
收了混沌無形風。
玄黃收了貴寶珍，
大喝一聲叫畜生！
混沌一驚抬頭看，
心想此時難逃生，
一聲響亮驚天地，
混沌趴在地埃塵。
六足伏地不能走，
這時玄黃攏了身，
銀鏈一響來落下，
鎖住混沌二骨樺。
便把畜生罵幾聲：
「到底歸順不歸順？
不順叫你命難存！」
混沌兩眼雙流淚，
望著銀鏈啞了聲。
「只要你今歸順我，
頭點三下饒性命。」
混沌把頭點三下，
俯首帖耳地埃塵。
吾今封你為歡兜神，

混沌點頭忙謝恩。
六足站定忙起身，
玄黃一下來騎上，
眾徒弟子隨後跟。

要問老祖收混沌，
再講故事說你聽，
玄黃騎上混沌獸，
看見一個女佳人，
老人便把仙女問：
「一人獨坐為何因？
莫非你是女媧神？」
仙女一聽著一驚：
「你可知道我名字？」
玄黃說道「早知音」，
仙女一聽開言道：
「你怎知道未來情？
吾今身邊兩圓物，
看你知情不知情？」
玄黃上前仔細看，
「圓物兩個分大小，
內包二十二個人，
一個大的是男子，
弟兄一共十個人。
個子小的是女子，

姊妹一十二個人。」
女媧擺頭說「不信，
此話是假還是真？」
「女媧若還不相信，
等我砍開現原身。」
玄黃對著肉球念，
唸著急章咒語文。
兩個肉球溜溜滾，
內包天干與地支。
肉包頃刻來離分，
一聲響亮震耳鳴。
十個男子十二女，
跳出肉球兩離分。
齊在女媧面前走，
個個拍手笑吟吟。
玄黃連忙吹口氣，
生出七長八短人。
個個相貌五色樣，
青面獠牙古怪形。
女媧嚇得魂不在，
戰戰兢兢問一聲：
「口稱玄黃老師尊，
這是一些什麼人？」
玄黃便對女媧講：
「此是天干地支神，

該你生他來出世，
後來為神治乾坤。
待給他們取下名，
配合夫妻陰陽成。」
玄黃手指十個男，
「你們為天干十個人。
按定甲乙和丙丁，
戊己庚辛壬癸。」
玄黃又指十二女，
「十二地支是你們，
子丑寅卯辰巳午，
未申酉戌亥名。」
天干為男又為陽。
地支為妻又為陰，
封你天干為大必，
地支為母十二人。
眾人謝恩來站起，
玄黃吩咐轉回程。
不表玄黃回洞府，
再表西方泥隱子。
說起西天泥隱子，
打開洪濛兩山門。
玄黃便把徒弟叫：
「吾今仙法傳你身，
葫蘆一個傳於你，

後收湖水葫中存。
鐵筆三桿傳與你，
聽我從頭說分明：
一支名叫畫天筆，
後畫日月與星辰；
二支名叫畫地筆，
畫出江河與山林；
三支名叫畫人筆，
一畫盤古來出生，
二畫女媧傳世人，
三畫天皇十二個，
四畫地皇十一人，
五畫人皇人九個，
六畫伏羲八卦身，
七畫神農嚐百草，
十畫軒轅治乾坤。
先畫眉毛並七孔，
五臟六腑畫完成。
畫上三百六人骨節，
又畫血脈身上存。
然後又把三清化，
金木水火土畫人形。」
（下缺）

黑暗傳——原始資料之四說明：

　　流傳在神農架林區新華鄉、苗豐鄉。藏書人黃承彥，三十歲，是新華鄉特派員。原在「文革」期間當封建迷信之書搜繳來的。為清代同治七年（1868 年）五月二十日甘入朝轉錄抄留。另一抄本為新華衛生院醫生谷定樂所藏。為近年用鋼筆轉抄在蘭皮塑料日記本裡。兩抄本的內容基本上相同。

黑暗傳

—— 原始資料之五

書錄一本古今文，
先有吾神後有天，
聽我從頭說分明。
先天唱起立引子，
後天唱起末葉神。
海蛟他把天來滅，
洪水泡天無有人，
只有先天立引子，
他是先天開劈人。
知道天地已該滅，
蓬萊山上坐其身，
天地俱無少世界，

四座名山霧沉沉。
崑崙蓬萊山二座，
太荒村對泰山林。
四大名山無人住，
只有立引子來遊行。

緊打鼓，慢逍遙，
黑暗根源從頭道：
崑崙山有萬丈高，
二山相對真個好，
兩水相連響潮潮，
立引子歡看荷葉發，

二水沖成一河泡。
化為人形三尺八，
荷葉上面起根苗。
立引子，抬頭看，
忽見水泡成人形，
水淹成人真古怪，
隨時與他取個名，
取名末葉一個人，
無稱無極是他身。

末葉得了名和姓，
就問引子名和姓，
立引子來回言道：
「我今一一說你聽，
吾是先天立引子，
故此給你取姓名。」
正在說時抬頭看，
陰山流水響沉沉，
一具浮屍水上漂，
生下孩兒人三個，
弘儒、弘浩與鴻鈞。
三人出世亥交子，
天翻地覆子會中。
弘儒他把西方坐，
頭頂掛著一葫蘆，

放出洪水泡天地，
子令一萬八千春，
洪水泡天無世界，
立引子，未動身。
二弟弘浩來出世，
頂上也掛一葫蘆，
葫蘆放出是黑水，
黑水淹地無有人，
第三鴻鈞來出世，
她為人形是女人，
立引子把媒做，
配合夫妻兩個人。
二低頭來下拜，
謝了立引子做媒人。
立引子，開言道，
口稱末葉你是聽，
今來無天又無地，
先天世界傳你身，
你傳後天世上人。
說話將身只一變，
隱入青山不見形。

末葉出世教孝順，
不覺數代有餘零，
頂上還掛一葫蘆，

葫蘆放出是綠水，
綠水青山到如今。
三人出世子會今，
天翻地覆未生成，
猶如雞蛋一個形，
昏昏暗暗不得明，
末葉對著引子說：
「我今不拜你為尊。」
引子聽了心中怒，
口罵忘恩負義人：
「你是西北一塊土，
是我塑你一人形。」
土人聽了全不信，
「這些胡言我不聽，
你今若是真手段，
再塑一人我看看。」
引子當時塑一人，
搖搖擺擺甚斯文，
一口仙氣吹將去，
土人睜眼笑吟吟。
身長三丈零一尺，
楞眉豎眼獠牙生，
土人一見心歡喜，
拜他二人為師尊。
引子一見心歡喜，

師徒三人上山林。
唱到此處詩幾句，
不知歌師喜不喜？
聽我從頭說詳細。
真空之中無一物，
三道歸來全始終。
空者一概無所立，
圖名皎潔一輪迴。
「我今無影本無形，
無父無母本來人。」

捏不成圖法不開，
看來看去又成胎。
渺渺茫茫道為主，
身居雷霆坐蓮台。
冷眼無邊看世界，
黑暗憔悴怎得開？
老祖眼觀一十八，
一人跪在地塵埃，
阿休羅王旁邊站，
又有三千謁帝神。
元始天尊奉寶劍，
通天教主奉寶劍，
准提道母長帆蓋，
鴻鈞老祖奉玉盆，

燃燈、陸壓分左右，
西天老母隨後跟，
一十八人說不盡。
三父八母誰人曉？
幾人知得這根苗？
三災八難來講起，
大海九連窩一座，
橫身叮得海螺丁，
蟻蟲亂咬身不動，
蘆根穿身災難盡，
頭頂烏鴉不動身，
隨來土長是真人。

無天無地無乾坤，
又無日月兩邊分，
天行國內是他父，
蔡力國內他母親。
他母懷他十六歲，
四月初八午時生。
一眼觀定乾坤界，
身坐西方半邊天。
崑崙大仙旁邊站，
白蓮老母站台前，
左邊站定四十八老母，
秦氏老母站右邊。

又將世尊來表明，
世尊坐在靈山嶺，
天愁地慘實難忍，
鬼哭神叱好傷心，
開口就把阿鑾叫：
「你上前來聽原因，
恐怕皮羅崩婆到，
叫她前來見我身。」
阿鑾回言「我知道，
師父不必掛在心。」

再說皮羅崩婆到，
走上前來稱弟子，
來求師父慈悲心。
萬國九州無日月，
切望開天西方明。
世尊當時開言問：
「姓甚名誰說我聽？」
皮羅崩婆來施禮，
「崩婆就是我的名。」
世尊說給崩婆聽，
日月出在咸池內，
月姓唐來日姓孫。
孫開唐末是他名。
一個男來一個女，

住在咸陽海中沉。
忙差地神把他請，
請來日月照乾坤。
地神行到陷陽海，
孫開、唐末遠來迎，
地神坐下開言道：
「來請日月照乾坤。」
日月聽得心思想：
恩情難捨兩地分。
回答地神我不去，
轉奏西天佛世尊，
世尊又把崩婆叫，
日月化在手心內，
念動真言隨你行。
崩婆二到陷陽海，
就把真言念七遍，
日月赤氣入手心，
日月入了崩婆手，
回到靈山見世尊。
世尊一見心歡喜，
有勞弟子費辛勤。
日月二君交給你，
你隨吾靈山過幾春，
差你快往東土去。
天地從此要你分。

崩婆又把師父拜，
「弟子何處去脫生？」
世尊當時來吩咐，
你往太荒山中行，
闖入日月中間內，
變化仙桃一樣形，
七十四回並九轉，
吾令鴻鈞到此地，
提筆畫出形容像，
借像還魂你出身。
我今賜你鑿與斧，
執斧就把天地分，
開天首君就是你，
陽壽一萬八千春。
崩婆又把佛祖拜，
「孤身一人怎劈分？」
世尊又將跟他行。
往東行到太荒山腳下，
化為仙桃一個形，
行將一變入土內，
盤古到此來托生。

不唱崩婆入混沌，
再唱佛祖差鴻鈞，
開言便把鴻鈞叫，

叫聲鴻鈞聽原因：
「石匣一個交與你，
你往東土走一程。」
鴻鈞把石匣接在手，
合掌告別辭世尊。
起身就往東土去，
弱水上面亂紛紛，
鵝毛落水飄不起，
葫蘆落水沉到底。
腳踏木魚來得快，
漂洋過海往東行。
收了木魚打一看，
太荒山在面前存，
我佛當日吩咐我，
打開石匣看分明。
誰人知得先天事，
鐵筆根由說你聽。
一支鐵筆能安天，
二支鐵筆能安地，
三支鐵筆來拿起，
有詩一首作證明：
「三支鐵筆定乾坤，
口中呵氣把筆潤，
連呵九十一口氣，
畫出盤古天地分。」

鴻鈞提筆來提起，
口中吐出青煙氣，
畫出盤古初出世，
三氣四氣出頂門，
五氣六氣畫眉毛，
八字峨眉兩邊分。
七孔八竅安停當，
五臟六腑畫得清。
九十畫得四肢出，
十一十二畫眼睛，
二十六七從頭畫，
畫了骨節三百六十零五根。
三十二三又提起，
毫毛十萬八千根。
三十八九四十二，
頂平額角都畫盡，
五十一氣停鐵筆，
猶如天上定盤星。
六十二三又提筆，
湖海江河又費心，
七十二氣從頭畫，
五湖四海才安頓。
八十四氣用筆點，
五穀禾苗盡生根。

左生毫毛二十九，
合共三十六單根，
兩目猶如太陽像，
頭頂四萬頭髮青，
轉身又畫九十氣，
九十一氣畫完成。

西天發下白虎星，
金剛菩薩安左右，
青石板上現原形，
佛祖睜開慧眼看，
又把鴻鈞叫一聲：
「日月三宮交與你，
滿天星宿要你分。」
起身又往東土去，
漂洋過海往來行。
日月二宮托在手，
不覺來到太荒村，
左手入下太陽星，
轉身又到陰山下，
右手放出太陰星。
月中桂木安停當，
無當相伴是月神。
「你在此山且安下，
只等盤古開天現原身。」

日月二宮都安了，
又安巡更過天星，
安下天宮九曜星，
三十八宿輪流轉，
紫微星君坐天庭。
南極老人朝北斗，
羅睺、計都兩星君，
諸般星斗安停當，
又安牛郎織女星，
天河阻隔兩分離，
周天三百六十五度整，
要知天高地矮事，
除非舜王才知情。
璇璣玉衡貴寶珍，
身長八尺孔一寸，
周圍二丈五尺不差分。
日月五星為七政，
天包地外得知情。
周天三百六十零五度，
極地一百八十二度半，
天有六天青黃赤白黑，
又帶紫微名。
六天地有二地神，
瀛洲，崑崙為二地。

不唱鴻鈞安星辰，
再唱盤古來出生，
有詩一首作證明，
盤古計天而出世，
生天太荒有誰知？
混沌世界怎開劈。
說盤古，講盤古，
多虧鴻鈞一老祖。
九十一氣費盡心，
五行方位安其身，
渾身上下元氣足，
崩婆借像才出生，
一座高山來陰路，
盤古開言把話論。
此山像把斧子形，
拿起不重也不輕，
盤古得了寶和珍。
一把斧子拿在手，
此乃名叫「敲金坎」，
開金氣，往東行，
又有一山來阻路，
他就拿起笑吟吟，
一鑿一斧往前行，
掄起斧子上下分，
氣之輕清上浮者為天，

氣之重濁下凝者為地，
砍開天地分陰陽，
現出太陽與太陰。
日月五星照蒼穹。
才分三光七二照四方，
四大部分州在中央。
東勝神州安東方，
南贍部州安南方，
四牛賀州西方定，
北方盤古開了天和地，
立一碑三丈長：
「亥子交始終，
依然今始昔。」
五言四句此碑立，
此碑立於太荒地。

不唱盤古立碑事，
世尊傳下一法旨。
阿鸞領旨太荒去。
盤古開言問分明，
「手捧淨瓶為何因？」
阿鸞說與盤古聽，
恐有嚴毒害你身，
淨瓶甘露渾身洗，
盤古聽得喜歡心，

阿鑾執瓶將他洗，
題詩一首作證明，
只因合掌知一笑，
今乃一萬八千春，
頂上悠悠失三魂，
一滾化為仙桃形，
阿鑾收入淨瓶內，
收了崩婆見世尊。
兩目付與日和月，
毫毛付與山林管，
壽高一萬八千春，
又該天皇來出世，
隱入青山不見形。
開天於生天皇氏，
唱起天皇來出生，
天皇一姓十二人，
弟兄十三管乾坤，
天皇名字叫天靈，
出世就把干支配，
十二地支造分明，
河下又治十二決，
一生操了許多心，
管了一萬八千春，
又該地皇來出生，
隱入青山不見形。

地辟子丑地皇君，
地皇一姓十一人，
弟兄十一管乾坤，
生於陝西龍門縣，
他的名字叫岳鏗，
出世才把山神定，
他今才把晝夜分，
七十二候才來臨，
二十四氣是他分。
又把四時八節定，
也管一萬八千春，
又該人皇來出生，
隱入青山不見形。
人生於寅人皇主，
人皇兄弟九個人。
生於形馬提帝國，
弟兄九人分區明。
各管一區鎮乾坤，
制綱常，立人倫，
才有三黨六共親。
天皇地皇人皇君，
共管四萬五千八百春。
人皇弟兄為龍海，
該五龍來出生，
一黃伯，二黃仲，

三黃叔，四黃季，
五黃五龍出世分，
金木水火土中存。
才有宮商角徵羽，
五龍四帝五處分。
有巢氏構木為巢教姓。
又出五丁氏，
教百姓挖一坑，
一個坑兒百丈深，
躲水躲雨好安身。
燧人氏，有道君，
鑽木取火教萬民，
春楊夏栝來取火，
秋杏冬檀取火星。
定婚姻，教嫁娶，
男子三十娶下親，
女子二十嫁出門。
百姓個個喜歡心，
有父有母到如今。

燧人氏，把駕崩，
倉頡皇帝把位登，
看鳥獸，觀龍行，
以後他把字來造，
觀察萬物以象形，

他今造字教百姓，
在位一百一十春。
倉頡先師過了世，
唱起當日有皇氏，
　神氏，駕元龍，
養出中皇氏，
生於山東魯國地，
曲阜縣有個大庭氏，
出了六粟氏，
他把叔裡來殺了，
幾個知得這段情？
唱個地名陝西城，
太昊聖母出山林，
一見神人面前走，
太昊聖母隨後跟。
陰人踏了燧人氣，
懷孕一十四年春，
才生伏羲一個人。
三十歲上坐龍廷，
畫出八卦知天文，
削桐木，來造琴，
作樂歌，傳後人。
撞著共工亂乾坤，
女媧娘娘駕祥雲，
殺了共工坐龍廷，

女媧娘娘也為神。

唱起神農來出世，
生下三天能說話，
五天之中能走行。
七天牙齒俱長齊，
置下方書山中行，
嚐百草，救萬民，
流毒躲在老山林，
神農皇帝識流毒，
不知流毒哪邊存。
長沙茶陵把命傾，
在位一百四十四年春。

軒轅黃帝立朝綱，
置五穀與衣裳，
造屋宇、造飲食，
天下萬物造齊備。
炎帝崩駕他為神，
又出五帝把位登。
少昊金天隨後跟，
顓頊高陽氏，
帝嚳是高辛，
帝則帝舜稱五帝，
才到堯王把位登。

九男二女他親生，
傳至舜王君，
又將二女配他身，
又傳禹王管天下，
八個將軍手段能，
開九州，定九策，
鑄九鼎，流九河，
禹王分下三支脈，
三十六山才有名。
開出龍門說分明，
開出禹門三汲浪，
南月門，背鬼門，
中曰人門埋人棺材陷人
坑。
夏傳子，家天下，
才出仲康把位登，
其子又被后羿謀，
又出渥涊亂乾坤，
殺了后羿坐龍廷，
紀舒太子起義兵，
誅了渥涊一個人。
傳至桀王是昏君。

黑暗傳——原始資料之五說明：

是手抄本，藏書人熊映橋，神農架林區醫藥公司藥務工作人員，家住秭歸縣青灘鄉龍江村。

此抄本系他父親（已故）所傳。在林區的新華鄉、長坊鄉均有流傳（有變異）。

這個手抄本前半部分有濃厚的佛教色彩，同時也帶有不少道教色彩。盤古等神話傳說，用佛教的阿彎輪迴轉的神話傳說來改造傳統的盤古開天闢地的神話傳說。在《黑暗傳》幾個不同的異文中，是少見的。它流傳在長江中下游的神農架的南坡，說明佛教在這裡的影響。

本資料是從後天（洪水泡天）開始講述的。開天闢地的立引子和後天傳世的末葉都與盤古、女媧的神話傳說不同，又說洪水泡天是掛在弘儒頭上的葫蘆吐水引起的，弘浩也是一樣。只有鴻鈞（女子），由立引子做媒，與末葉成婚，傳下後代，頭上的葫蘆放出清水，洪水才平靜。後來末葉不相信他是立引子用泥巴塑造而成的。立引子當他的面又塑了一個。

黑暗傳

—— 原始資料之六

先天出了上天皇，　　　　　　　提起靈山須彌洞，
開天闢地手段強，　　　　　　　昊天聖母一段情，
相傳一十二萬載，　　　　　　　聖母原是金石長，
洪水泡天八千年，　　　　　　　清水三番成人形。
後天盤古把天開，　　　　　　　石人得道稱聖母，
日月三光又轉來。　　　　　　　名喚昊天是她身。
乾坤一十二萬載，　　　　　　　聖母坐在須彌洞，
依然黑暗水連天，　　　　　　　要到靈山走一程。
不表先天黑暗事，　　　　　　　站在靈山四下望，
後天黑暗唱幾聲，　　　　　　　洪水滔滔怕煞人，
三生捲土唱起來，　　　　　　　兩條長龍在爭鬥，
不知記得清不清？　　　　　　　二龍相鬥氣騰騰，

只見空中黑雲現，
黃龍當時逞威武，
抓得黑龍血淋淋。
黑龍當時來聚會，
弟兄五個顯威能，
黃龍一時敗了陣，
直奔靈山洞府門。
聖母觀了多一會，
定天珠在手中存，
便把黑龍來打敗，
七竅流血逃性命。
漫天黑雲不見形。
往西逃走不見了，
這時洪水稍平靜。
黃龍落在靈山上，
思念聖母有恩人。
生下三個龍蛋子，
三個龍蛋放光明，
聖母一見心歡喜，
將蛋吞在腹中存。
吃了三個龍蛋子，
腹中有孕在其身，
懷孕不覺三十載，
正月初七降下身，
一胎生下人三個，

聖母一見甚歡心。
長子取名叫定光，
次子后土是他身，
第三取名叫婆娑，
須彌洞中生長成。
（下缺）

混沌辭別師父去，
太荒山前走一程，
只見烏雲沉沉黑，
不知南北與西東，
混沌便把旗來繞，
現出太荒一座山。
轉身住在太荒地，
不覺又是五百春。
只見太荒金石現，
石斧鐵錘現原身，
混沌得了開天斧，
改名盤古把天分。
盤古來在山頂上，
一斧劈開混元石，
清氣浮而九霄雲，
重濁落在地下沉，
天高地厚才形成。
崑崙有個太陽洞，

住著孫開是她名，
她有兒子十二人。
崑崙有個太陽洞，
洞中唐末太陰星。
盤古來到此處地，
開天斧在手中存，
只見紅光高萬丈，
劈開崑崙見分明，
忽聽一聲雷震響，
現出東方太陽星，
扶桑國內升上界，
寶樹頂上金雞鳴。
太陽星君把言開，
「叫聲盤古你且聽：
天地初開妖魔廣，
只恐妖魔害我身。」
盤古便把太陽叫，
「你且升天照乾坤，
我今來到崑崙地，
去叫鷹龍保你身。」
說罷一聲雷聲響，
太陽升上九重天。
（下缺）

來到蓬萊山腳下，

眼看東洋大海門，
只見海中紅水現，
五龍抱著葫蘆行，
五龍聽得老祖叫，
棄了葫蘆不見形，
鴻鈞當時來收住，
帶回洞中看分明，
忙將葫蘆來打破，
現出兩個小孩童。
一男一女人兩個，
兄妹二人二八春，
如何生在葫蘆內？
二人如何海中行？
老祖就把二人問，
叫他二人說原因，
二人上前講根由，
「崑崙山中岩石縫，
忽生一根葫蘆藤，
藤子牽有千丈餘，
無有葉子只有藤，
結了一個大葫蘆，
見了我倆把話明：
叫我鑽進它肚裡內，
裡面天寬地又平，
馬上洪水要泡天，

藏在裡頭躲難星。
我倆鑽進葫蘆內，
不知過了幾年春。
當時天昏地也暗，
洪水滔滔如雷鳴。」
老祖便把男童叫，
「我今與你取個名，
取名就叫五龍氏，
如今世上無男女，
怎傳後代眾黎民？
我今與你把媒做，
配合夫妻傳後人。」
童女這裡把話云：
「哥哥與我同娘養，
哪有兄妹配成婚？」
老祖這時來勸說：
「只因洪水泡天後，
此上哪有女子身？
世上雖有人無數，
卻非父母賦人形。
也有金石為身體，
也有樹木成人形，
也有水蟲成人像，
也有鳥獸成人形，
只有你們人兩個，

一男一女正相姻，
你們都有肉身體，
有血有肉是真人。
勸你們二人成婚事，
生男育女傳後人。」
童女一聽忙答應，
「請聽我來說原因，
若要兄妹配成婚，
要你的金龜把話應。」
忽然金龜來說話，
「叫聲童女你是聽，
混沌初開有男子，
世上哪有女子身？
一來不絕洪水後，
二來不絕世上人。」
童女一聽怒生嗔，
石頭拿在手中心，
將石就把金龜打，
打成八塊命歸陰。
童男又把金龜湊，
八塊合攏用尿淋，
金龜頓時說話了，
開口又把話來明：
「叫聲童女姑娘聽，
生也勸你為夫妻，

死也勸你為婚姻，　　　　　　　姬鄭女紀管鄱州。
二人成親三十載，　　　　　　　第九名取名有巢氏，
生下男女十個人。　　　　　　　姬王女紀管雲州。
長子取名伏羲氏，　　　　　　　（下缺）
姬仙女紀管中州。
第二個名神農氏，　　　　　　　女媧一百六十載，
姬趙女紀管湖州。　　　　　　　出了公孫軒轅君，
第三取名高陽氏，　　　　　　　軒轅黃帝登龍位，
姬錢女紀管江州。　　　　　　　蚩尤兄弟人九個，
第四取名祝融氏，　　　　　　　困住軒轅難脫身，
姬孫女紀管海州。　　　　　　　軒轅當時慌張了，
第五取名葛天氏，　　　　　　　即往大澤去搬兵，
姬李女姬管福州。　　　　　　　風後力牧為大將，
第六取名人皇氏，　　　　　　　擺下握機八門陣，
姬周女馬管遼州。　　　　　　　打敗蚩尤這賊兵，
第七名取燧人氏，　　　　　　　蚩尤血飛三千里，
姬昊女紀管山州。　　　　　　　飛在山西鹽田城。
第八名取軒轅氏，

黑暗傳——原始資料之六說明：

　　為清光緒十四年（1888 年）李德樊抄本。流傳於神農架林區新華鄉。現藏書人黃承彥為新華鄉公安特派員。

黑暗傳

—— 原始資料之七

混沌無有天和地，
古祖靈山出世起，
寒陽洞裡修行去。
乾坤混沌幾萬秋，
度下開天闢地斧。
在佛祖，彌勒佛，
勤山講根由：
說起混沌無天地，
古佛老祖出世起，
三花聚頂降真，
寒陽洞裡來修練，
崑崙山上講根由，

乾坤黑暗亥子邊，
傳下徒弟混沌仙。

歌師聽我說與你，
方才把你當徒弟。
混沌未分有一山，
天心地膽在中間，
麥芽老祖他在先，
他在山中十萬八千年，
度下古佛與禪專，
那時洪水才泡天。
講起混沌有根基，

我有一句來問你：
洪水泡天有根源，
叫聲歌師聽我談，
洪水泡天有幾番？
自從洪水泡了天，
混沌黑暗誰在先？
清水泡天有幾番？
從頭至尾講根源，
那時才算你為先。

混沌之時你不曉，
莫在鼓上胡打攪，
凡事需要問三老。
聽我從頭說根源，
自從洪水泡了天，
只有麥芽老祖他在先，
洪水泡天有三番，
三五老祖他在先，
清水泡天出古祖，
才有古祖在彌山。
清水泡天有幾番，
清濁相連無有天，
《黑暗傳》上仔細觀，
糊裡糊塗莫亂談。

不周山上來講教，
四十八母齊來到，
窄天聖母不知道。
四十八母動干戈，
不周山上起風波，
角斷天柱萬丈多，
元古老母天開河。
洪水泡了天和地，
混沌一炁降世起，
生在表梅山前地。
青梅山上把道傳達，
度下徒弟彌利仙，
講道德，說根源，
混沌還讓你為先。

說起古佛根源遠，
無天無地他在先，
萬里乾坤不自然。
度下徒弟把道傳，
差了鴻鈞去開天，
洪水滾滾滿山川，
鴻鈞崑崙自修練，
三花門斧劈開天。
鴻蒙老祖降世起，
出洞不見天和地，

乾坤暗暗混二炁。

老祖抬頭把眼睜，
清濁二氣不分明，
轉身回到古洞門，
忙差徒弟下山林，
蓬萊口上開天門。
鴻鈞、鴻蒙二道主，
出洞不見天地式，
慘慘乾坤將何治？
二仙上山同遊玩，
遇著亞古祖仙，
講道德，說根源，
混沌還讓你為先。

我把天地談一談，
乾坤暗暗如雞蛋，
誰人知得這根源？
密密濛濛幾千層，
二炁相交看不清，
聽我一一說混沌，
混沌山上十八祖，
崑崙嶺上崑崙山，
崑崙山上起青煙，
三千七百岩廟洞，

八百洞中降真仙，
聽我一一說根源，
混沌只有他在先。

紫霄宮中鴻鈞主，
他是開天闢地首，
曾將一炁傳三友，
崑崙山上誠修練，
他在山上四十九萬年，
置下乾坤到如今。
帶領十萬八千子弟孫，
帶到東土立人倫，
那時還讓他為尊。

金鼓一停我接住，
提起黑暗一段古，
歌師聽我從頭數。
無有乾坤無有天，
只有古祖他在先，
自從洪水泡了天，
渺渺茫茫無自然，
山中十萬八千年，
才出古祖得道仙。
講起古祖來出世，
原來生在天古寺，

我今說與歌師知。

三花聚頂來至氣，
五氣朝元他在先，
聚龍三百六十員，
寒陽洞裡講神仙。
無底道法永無邊，
乾坤黑暗得自然。
混沌老祖初出世，
無有天地無形勢，
一炁三化將人治。
站住仔細四下觀，
舉目抬頭看一看，
四方都是黑暗暗，
清濁二炁上下連，
無有人形將世傳。

心中思想多一會，
畫成人形都齊備，
眉毛七孔成雙對。
當時有個混沌祖，
他鎮中央戊己土，
無鼻無眼又無口，
活像一個大葫蘆。
老祖這裡顯神通，

畫出三毛並七孔，
照定人形來畫成，
一口仙氣往上衝。
混沌這時成人形。

蓬萊大仙來出世，
聽我從頭說根痕，
他有仙丹十二顆，
一一傳與弟子身，
你到東土立人倫。
便叫弟子你且聽：
給你彈子二十顆，
一一從頭說分明：
一顆便是如來佛，
二顆便是小鴻鈞，
三顆便是太陽像，
四顆便是太陰星，
五顆天皇氏，
六顆地皇君，
七顆人皇氏，
八至十二是五帝，
剩下化鳥獸，
天下萬物都化成。

三皇出世無地人，

走馬山前這條根，
元始祖，李老君，
通天教主化三清，
只有十二不分明，
將來凡間化眾生，
後出盤古立乾坤。
混沌初開出盤古，
身長一十二丈五，
手執開天闢地斧。
佛祖差他下山林，
來到太荒山前存，
觀音大師到來臨，
金盤放在地埃塵，
仙丹一顆裡面存，
四十九轉畫人形，
點化盤古下山林。

點化盤古下山林，
佛祖賜他三十二字文，
那個知道這根痕？

叫聲列位聽分明：
三十二字講原因，
咒曰：賜你斧，
開天地自開，

你成功金聖通，
是不將入世世，
今一代，
二萬八千歸自在。
三十二字講分明，
歌師你看真不真，
臘子奔索領了令，
一路行程須小心，
正行舉目觀分明。
見一浮石前存，
能大能小象斧形，
盤古一見喜十分，
不滿功果不回程。
盤古來到東土山，
黑黑暗暗四下連。
不覺來到高山嶺，
霧氣騰騰怕煞人，
不見天地怎麼分？
手執開天斧一把，
「心驚咒語」念分明，
劈開天地上下分，
又無日月照乾坤。

盤古開了天和地，
功果圓滿轉回去，

留下頭尾再後敘。
盤古來到太荒嶺，
此處卻要立碑文，
碑上刻了二十字，
萬古流傳到如今。
詩曰：
吾乃盤古氏，
開天闢地基，
依然出人世。
題詩句轉回程，
俯伏蓮台見師尊。
回稟開天一段情。
佛祖說與觀音聽，
再令盤古下山林，
不知功果如何論？

二神商議天地情，
不見盤古轉回程，
佛祖一見喜十分，
叫聲盤古你是聽：
你功果圓滿轉回程，
差你後山修行去。
觀音佛祖來商議：
盤古開了天和地，
卻少日月照乾坤，

誰個出去立功勛？
後山又把盤古請，
佛祖開口把話云：
叫聲盤古你是聽，
你今開了天和地，
差你咸池走一程，
想請日月上天庭。
盤古聽了心納悶，
道行淺來根不深，
想請日月上天庭。
盤古無奈往前行，
一路逍遙喜歡心，
紅光滿面好驚人。
霧氣騰騰看不清，
摸到咸池把話論。
說到咸池有根痕，
咸池是個大海洋，
寬有九萬有餘零，
深有萬丈不見底，
裡有日宮和月殿，
住著日月一尊神。
盤古來到把話論：
我今領了佛祖令，
想請二神上天庭。

孫開、唐末日月名，　　　　　還有一件寶和珍，
陰陽配合成夫妻，　　　　　　心驚七字保你身，
海中金子配水精。　　　　　　盤古一聽心歡喜，
叫聲盤古你是聽，　　　　　　再到咸池走一程。
「我們不肯上天庭！」
盤古拜別轉回程，　　　　　　日神月神尊一聲，
來到蓮台見師尊，　　　　　　我今領了佛祖令，
觀音大師把話論，　　　　　　要請二神上天庭，
叫聲「臘子」你且聽：　　　　日月不理半毫分，
你請日月上天庭？　　　　　　盤古一見怒生嗔，
功果可滿轉回程？　　　　　　心驚七字念分明。
盤古回答尊一聲，　　　　　　咒曰：
「我到咸池枉費心，　　　　　「暗夕姐多撥達羅」，
日月不肯上天庭。」　　　　　真言咒語唸得真，
觀音大師把話論，　　　　　　孫開唐末無計生，
咸池再把日月請，　　　　　　一月夫妻會一面，
又賜心驚七個字，　　　　　　普照乾坤世上人。

黑暗傳——原始資料之七說明：

　　是神農架林區松柏鎮敬老院張忠臣的藏抄本，與原始資料之七，
附錄資料之一，同屬一個合訂本，包括了三個不同內容的孝歌唱本。

黑暗傳

—— 原始資料之八

混沌初開分天地，
盤古出世此時起，
誰人知得這根底？
兩手舉斧安日月，
開天闢地定乾坤，
盤古知道地理與天文，
陰陽二氣攪一團，
二氣不分成混沌。
二氣來分開，
才成天地形，
氣之輕清往上升，
氣之重濁往下沉，

方才成個天地樣，
才算開天第一人。

歌師你請慢消停，
我把仁兄稱一聲，
盤古怎麼來出身？
提起盤古問分明，
盤古怎麼來出世，
怎麼來把天地分，
盤古他在哪裡走，
哪裡行，
怎麼得的開天斧，

那斧是寶還是精，
或是木頭來砍就，
還是銅鐵來打成？
你把根源說我聽，
才算歌中第一人。

歌師聽我說分明，
我把根由說你聽，
今日鼓上遇知音。
混沌之時出盤古，
洪蒙之中出了世，
說起盤古有根痕。
當時乾坤未成形，
青赤二氣不分明，
一片黑暗與混沌，
金木水火土，
五行未成形，
乾坤暗暗如雞蛋，
迷迷濛濛幾千層，
不知過了多少年，
二氣相交產萬靈，
金木水火是盤古父，
土是盤古他母親。
盤古懷在混沌內，
此是天地產育精。

混沌裡面是泡灘，
泡灘吐青氣，
崑崙才形成，
天心在膽在中心，
長成盤古一個人。
不知過了幾萬春，
長成盤古一個人，
盤古昏昏如夢醒，
伸腿伸腰出地心，
睜開眼睛抬頭看，
四面黑暗悶沉沉，
站起身來把腰伸，
一頭碰得腦殼疼。
盤古心中好納悶，
定要把天地來劈分。
這時盤古四下里尋，
天為鍋來地為盆，
青絲嚴縫扣得緊，
用頭頂，頂不開，
用腳蹬，蹬不成，
天無縫來地無門，
看來天地不好分。

盤古奔波一路行，
往東方，東不明，

往北方，看不清，
往南方，霧沉沉，
往西方，有顆星。
盤古摘來星星看，
西方金星來變化，
變一古斧面前存，
盤古一見喜十分，
不像金來不像銀，
也不像鐵匠來打成，
原是西方庚辛金，
金精一點化斧形。
盤古連忙用手拎，
拿在手中萬斤重，
喜在眉頭笑在心，
拎起斧子上崑崙。

黑暗混沌一盤古，
身高一百二十五丈，
好似一根撐天柱。
盤古來到崑崙山，
舉目抬頭四下觀，
四下茫茫盡黑暗，
看是哪裡連著天。
原野是連天是石柱，
不砍石柱難開天。

手舉斧上下砍，
東邊砍，西邊砍，
南邊砍，北邊砍，
聲如炸雷冒火星，
累得盤古出大汗。
眼看清氣往上升，
那就成了天，
濁氣往下墜，
那就成地元，
天地空清風雲會，
陰陽兩合雨淋淋，
盤古斧石化雷電，
千秋萬代鎮天庭。
盤古根痕說你聽，
不知知情不知情？

歌師唱得可是真？
我今還要問幾聲，
不知仁兄聽不聽？
盤古既然把天地分，
還是天黑地不清，
還要什麼照乾坤。
太陽太陰怎麼出？
盤古見了怎麼行？
天有日月來相照，

怎麼又有滿天星？
怎麼又有風雲會？
怎麼又有雨淋淋？
你把根由說我聽，
才算歌中一能人。

歌師你且慢消停，
我把根由說你聽，
看我說得真不真？
盤古分了天和地，
天地依然是混沌，
還是天黑地不明。
盤古想得心納悶，
要找日月種星辰，
來在東方看分明，
見座高山豪光觀，
壅塞阻攔不通行。
盤古用斧來砍破，
一輪紅日現出形，
裡面有個太陽洞，
洞裡有棵扶桑樹，
太陽樹上安其身，
太陽相對不一山，
劈開也有一洞門，
洞中有棵梭欏樹，

樹下住的是太陰。
二神見了盤古的面，
連忙上前把禮行，
「天地既分海水清，
缺少光明照乾坤，
你今來意我曉得，
要叫我們照乾坤。」
盤古聽了心歡喜，
「請了，請了我相請，
要請二神上天庭。」
太陽太陰兒女多，
跟著母親上了天，
從此又有滿天星。
夫妻二神相交各，
陰陽相和雨淋淋。
我今一一說你聽，
不知說的真不真？

歌師唱歌莫消停，
再把盤古問一聲，
方才算你有學問。
盤古分開天和地，
又有何人來出生？
盤古還是歸天界？
還是人間了終身？

盤古過也一首詩，
七言四句正相因，
你把詩句說我聽，
我今拜你為師尊。

歌師聽我說分明，
我把根由說你聽，
不知說得真不真？
盤古分成天和地，
又有天皇出也根，
盤古得知天皇出，
有了天皇治乾坤，
盤古隱匿而不見，
渾身配與天地形，
頭配五嶽巍巍相，
目配日月晃晃明，
毫毛配著草木枝枝秀，
血配江河蕩蕩流。
頭東腳西好驚人，
頭是東嶽泰山頂，
腳在西嶽華山嶺，
肚挺嵩山半天雲，
左臂南嶽衡山山林，
右膀北嶽恆山嶺，
三山五嶽才成形。

盤古過身詩一首，
七言四句果是真。
詩曰：
盤古先天而出世，
生於混沌有誰知？
黑暗節候應開闢，
御世三皇軒重熙。

歌師這話果是真，
又把三皇問一聲，
不知記得清不清？
天皇出世人多少？
弟兄共有幾個人？
怎麼來把天下治？
又是怎麼治乾坤？
天皇過後幾多歲？
弟兄共有幾多春？
又有何人來出世？
何人出世治乾坤？
你把根由說我聽，
才算歌場高明人。

金鼓一住暫消停，
我把歌師尊一聲，
慢慢聽我講根痕。

你問天皇來出世，
弟兄共有十三人，
天皇出世人民少，
淡淡泊泊過光陰。
又無歲月數年歲，
又無春夏與秋冬。
天皇那時來商議，
商議弟兄十三人，
創立天干定年歲，
又立地支十二名，
那時方才定年歲，
暑往寒來一年春。
天皇弟兄一萬八千歲，
又有地皇出了身，
天皇隱匿不見形，
你把天皇說你聽，
你說地皇行不行？
一姓共有幾多人，
地皇怎麼治天下，
什麼方法定乾坤？
地皇過後幾多歲？
你把根由說我聽，
歌場才算你為能。

歌師聽我說分明，

我把根由說你聽，
看我講得明不明？
地皇雄耳龍門出了世，
一姓共有十一人，
他以太陽把日定，
又以太陽把夜分，
三十日為一月，
十二月為一春，
那時才有年和月，
晝夜才能得分明。
地皇過後一萬八千歲，
又有人皇來出生。
歌師傅、老先生，
又把人皇問一聲，
仁兄是否記得清？
人皇出於什麼地？
一姓共有幾多人？
幾人幾處治天下？
他在何處教黎民？
人皇怎麼觀天象？
黎明光景如何樣？
幾處太平不太平？
人皇共有幾多春？
你把根源說我聽？
才算歌場人上人。

歌師唱歌本有名，
我講人皇一段文，
不是行家莫談論。
行馬山前來出世，
弟兄一姓有九人，
九人九處治天下，
他在中央管萬民。
九人九處都太平，
選才德，作用人，
那時才有君臣分。
駕雲車，觀地象，
東南西北才摸清。
渴有清泉飲，
飢摘樹葉吞，
寒有木葉遮其身，
男女交歡無分別，
只認其母無父尊。
人皇過後一萬五
千五百春。

看我講得真不真？
歌師傅，老先生，
果然書文記得清，
還有幾句問一聲，
說起三皇到堯舜，

共有八十女皇君，
哪一氏，生禽獸？
哪一氏，修平水？
旱道路行？
旱地有車，水有舟，
人才能遠行。
哪一氏，出鳳凰？
幾隻鳳凰一路行。
哪一氏，人多人吃獸，
哪一氏，獸多獸吃人，
哪一氏，架雀巢，
蔽雨晴，百姓專打鳥獸
吞。
哪一氏，鑽木取火星，
生冷燥濕得烤蒸。
哪一氏，造字文，
萬物各色都有名。
哪一氏，聽鳥聲，
作樂歌，神聽和平人氣
和，
哪一氏，造出五絃琴，
陰陽調和天下平。
哪一氏，用葫蘆來造笙，
開化愚昧人聰明。
八十餘氏問不盡，

略叫歌師答幾聲。
洪水泡天怎麼起？
怎麼平？
誰又傳下後代根？

歌師問得有學問，
講起三皇到堯舜，
八十餘氏果是真。
講古還要講根痕，
前後才能說得清。
當日海中有五龍，
青黃赤白黑五色形，
捧一葫蘆水上行，
葫蘆藏著兩兄妹，
以後兄妹結成婚，
兄妹成婚三十載，
生出肉蛋裡面有百人，
此是人苗來出世，
才有世上眾百姓。
五龍氏，生禽獸，
豺狼虎豹遍地行。
鉅靈氏，開險處，
修平水旱道路平，
造車船，才遠行。
皇覃氏，出鳳凰，

六隻鳳凰一同行，
後分六處傳子孫。
有巢氏，人吃獸，
獸多獸吃人，
架雀巢，蔽雨晴，
百姓專打鳥獸吞。
燧人氏，鑽木取火，
食物得烹飪。
史皇氏，有倉頡，
看鳥獸，彷腳印，
觀天象，察人形，
造下文字記事物，
萬物各色都取名。
祝融氏，聽鳥音，
作樂歌，神聽和平人氣
和，
能引天神和地靈。
女媧氏，她用葫蘆
造成笙，
開教化，育子孫，
百姓聽了開智
化愚都聰明。
伏羲氏，山中聽風聲，
風吹木葉美聲音，
就削樹木來制琴，

面圓底平天地形，
五條琴絃相五行，
長有七尺三寸零，
上可通天達地神，
又修人身調氣平。
你問我，說你聽，
快快拜我為師尊。

說得是來道得真，
又把伏羲問一聲，
歌師你可記得清？
伏羲怎麼來出世，
生於何方何地名，
怎樣來把天下治，
怎麼作為定乾坤，
怎樣來把百姓教？
人倫禮義到如今。

金鼓一住又唱起，
歌師又來問伏羲，
聽我從頭說與你。
他是五帝開首君，
說起太昊他母親，
華胥地方坐其身，
華胥地方也不遠。

陝西藍田縣地名，
太昊聖母閒遊走，
見一大人腳跡形，
聖母忽然春意動，
天上虹霓繞其身，
聖母忽然身有孕，
成紀地方生聖君。
成紀地方在何處？
甘肅鞏昌岷州城。
伏羲仁君觀天象，
日月星辰山川形，
才畫八卦成六爻，
六十四卦達神明，
教人來嫁娶，
治起婚姻禮，
女兒嫁與男為妻。
五帝首君說分明，
可算歌場能一人。

歌師講得真有趣，
又把伏羲問幾句，
不知仁兄喜不喜？
伏羲出世出龍馬，
不知出在何地名？
龍馬生得什麼樣？

高有幾尺幾寸零？
背上又有何物現？
不知是吉還是凶？
他今又把何物治？
修身理性答神明，
伏羲在位年多少？
又有何人治乾坤？
你把根由說我聽，
歌場裡面你為君。

歌師又把伏羲問，
伏羲乃是仁德君，
禮義人倫從他興。
孟河一日祥雲起，
一匹龍馬來出世，
生得滿身有甲鱗，
高有八尺五寸零，
背上又有河圖現，
天降祥瑞吉兆臨。
在位一百一十五年春，
又出共工亂乾坤。

又把歌師問一聲，
說起共工一段文，
共工怎樣亂乾坤？

他與何人來交戰？
不知誰輸誰是贏？
何人輸了氣不過，
一頭撞倒什麼山？
當時倒了什麼柱？
何人見怒生嗔？
何人又把天來補？
天補滿了誅誰人？
何人一見氣不過？
湧起洪水亂乾坤。
何人一見心大怒，
殺了惡人定太平。
又是何人立皇帝？
又造何物得安寧？
何人在位幾多歲？
又有何人來出生？

上卷歌頭丟開去，
再將二卷來唱起，
我把根由說與你。
共工本是一帝君，
貪色無道失民心，
祝融一見怒生嗔，
領兵與他來相爭，
共工大敗走無門，

當時心中氣不過，
兩頭觸崩不周山，
當時倒了擎天柱，
女媧一見怒生嗔。
說起女媧哪一個，
她是伏羲妹妹身，
洪水泡天結為婚。
當時她把天補滿。
要殺共工這惡臣。
共工一見氣不過，
湧起洪水亂乾坤，
女媧一見心大怒，
殺了共工定太平。
百姓一見心大喜，
就尊女媧為上君。
共工撞倒不周山，
上方倒了擎天柱，
下方裂了地與井，
洪水氾濫又混沌，
好個女媧有手段，
忙煉彩石去補天，
斷鰲足，立四極，
地勢得其堅，
聚灰止洪水，
天地復依然。

至今北方冷有根源。
女媧在位三十年，
又有神農來出世，
歌師傳來老先生，
七言四句念你聽。
詩曰：
聖人誕生自天工，
首出稱帝草昧中，
製作文明開千古，
補天溶日互蒼穹。

歌師果然記得清，
提起神農一段文，
又將神農問先生。
神農出在什麼地？
又是怎樣教百姓？
神農山中嚐百草，
七十二毒神怎麼行？
哪個山中尋五穀？
幾種才有稻麥生？
又有何人無道理？
要反神農有道君，
又有什麼人不可？
哪個大怒殺何人？
百姓一見心惱恨，

聚集人馬誅反臣。
何人力寡不敵眾？
百姓殺死命歸陰。
神農仁君多有道，
何方歸服有道君？
神農在位多少年？
崩於何方什地名？
歌師一一說我聽，
我好煨酒待先生。

歌師問得真有趣，
聽我一一說與你，
神農治世從此起。
神農皇帝本姓姜，
指水為姓氏，
又名烈山名。
南方丙丁火德王，
又號炎帝為皇上。
提起神農有根痕，
他是少典親所生，
母親嬌氏女賢能，
安登夫人是她名，
配合少典結為婚，
生下兩個小嬌生，
長子石蓮次神農，

烈山上面長成人，
他今教民耕稼事，
女子受桑吞吐絲。
當時天下瘟疫廣，
村村戶戶死無人，
神農治病嚐百草，
勞心費力進山林，
神農嘗草遇毒藥，
腹中疼痛不安寧，
疾速嘗服解毒藥，
識破七十二毒神，
要害神農有道君，
神農判出眾姓名，
三十六計逃了生，
七十二種還陽草，
神農采回救黎民，
毒神逃進深山林，
至今良藥平地廣，
毒藥平地果然稀。

神農嚐百草，
瘟疫得太平，
又往七十二名山，
來把五穀來找尋。
神農上了羊頭山，

仔細找，仔細看，
找到粟籽有一顆，
寄在棗樹上，
忙去開荒田，
八種才能成粟穀。
後人才有小米飯，
大梁山中尋稻籽，
稻子藏在草中間，
神農寄在柳樹中，
忙去開水田，
七種才有稻穀收，
後人才有大米飯。
朱石山，尋小豆，
一顆寄在李樹中，
一種成小豆，
小豆好種出薄田。
大豆出在維石山，
神農尋來好艱難，
一顆寄在桃樹中，
五種成大豆，
後有豆腐出淮南。
大、小麥在朱石山，
尋得二粒心喜歡，
寄在桃樹中，
耕種十二次，

後人才有麵食餐。
武石山，尋芝麻，
寄在荊樹中，
一種收芝麻，
後來炒菜有油鹽。
神農初種五穀生，
皆因六樹來相伴。
神農教人興貿易，
物物相換得便宜，
斬木為耒來耕地，
才有農事往後繼。

又有夙沙太欺心，
要反神農有道君，
大臣箕文勸不可，
夙沙大怒殺箕文。
百姓群集心大怒，
要殺夙沙這反臣。
夙沙孤寡不敵群，
被百姓殺死命歸陰。
神農座位居於陳，
就是河南陳州城。
在位一百四十春，
崩於長沙茶陵城。

自從神農把駕崩，
又有何人治乾坤？
請你一一說分明，
自從神農皇帝崩，
又有何人治乾坤？
天下有道是無道？
又有何人來興兵？
哪個與他戰不過？
悄悄遷都讓反臣。
又有何人來出世？
他與反臣大交兵。
你今一一說我聽，
才算歌中一能人。

歌師你且慢消停，
我今本要說你聽，
又怕你去傳別人。
自從神農皇帝崩，
又有愉罔治乾坤，
只有愉罔多無道，
反臣蚩尤大興兵，
愉罔懼怕蚩尤凶，
悄悄遷都讓反臣，
又有軒轅來出世，
他與蚩尤大交兵。

不提軒轅不問你，
提起軒轅問根底，
軒轅他住何方地？
母親怎麼身有孕？
幾金月份來降生？
軒轅生於何方地？
龍顏聖德如何論？
他與蚩尤大交兵，
不知誰輸是誰贏？
軒轅怎麼得吉兆？
要得強力兩個人。
怎麼訪得二人到？
不知才幹如何能？
不知設下什麼法？
要捉蚩尤之反臣。
不知擒到未擒到？
軒轅怎麼為仁君？
你今說與眾人聽，
才算歌中的老生。

歌師要我講分明，
說起軒轅有根痕，
要你洗耳來恭聽，
軒轅原是有熊君，
如今河南有定城，

寶附名字是他母，
一日出外荒郊村，
見一大電繞北斗，
不覺有孕在其身，
二十四月懷胎滿，
景星慶云明王德，
四面龍顏天生成。

蚩尤作亂真大膽，
銅頭鐵額興人馬，
要與軒轅爭高下。
上陣就是煙霧起，
層層瘴氣遮天地，
白日猶如黑夜裡。
黃帝兵敗亂如泥，
軒轅戰敗心中悶，
夜得一夢好驚人，
狂風一陣卷沙塵，
夢一猛虎驅群羊，
手執勾竿鉤一張，
醒來心中自思量，
心有高賢在此方，
原是風後和力牧。
訪得風後、力牧到，
兩個果然本事強。

軒轅造起指南車，
風後力牧各顯能，
擺下八卦無極陣，
煙霧不得迷大軍。
蚩尤困在陣中心，
東撞西衝難脫身，
涿鹿之野喪殘生。
斬了蚩尤天下喜，
小國個個皆畏懼，
共尊軒轅為皇帝。
軒轅黃帝坐天下，
河洛之中出龍馬，
見得地理無邊涯，
山川草木萬物華。
軒轅本是仁德君，
無數作為定乾坤，
又命大橈造甲子，
又命隸首作算術，
又命伶倫作律呂，
又命車區製衣襟。
軒轅見民多疫症，
又命岐伯作《內經》。
軒轅將崩有龍迎，
他就騎龍上天庭，
在位卻有一百載，

少昊接位管乾坤。

不提少昊我不問，
提起少昊問先生，
人不知來爾不慍。
少昊本是軒轅子，
少昊他是哪家子？
哪個母親把他生？
少昊登基坐天下，
不知吉凶如何論？
那時民間出什麼？
百姓安寧不安寧？
少昊駕崩幾多歲？
什麼山前來安葬？
又是何人把位登？
歌師傅來老先生，
請你從頭說分明。

少昊本是軒轅子，
黃帝原配嫘祖生，
少昊登位坐天下，
正是身衰鬼弄人，
民間白日出鬼怪，
龍頭金眼怪迷人，
東家也把鬼來講，

西家也把怪來論，
王母娘娘降凡塵，
教化民間收妖精，
這是少昊福分淺，
天降奇怪害黎民，
少昊駕崩八十四，
葬在兗州西阜城，
雲陽山上來安葬，
又出顓頊把位登。

歌師果然講得清，
又問顓頊他出身，
你可知道說我聽。
顓頊怎麼治天下？
百姓清平不清平？
東村人家出什麼鬼？
怎麼治鬼得安寧？
西村人家出什麼鬼？
何人收服鬼妖精？
顓頊在位多少歲？
葬於何方甚地名？
顓頊高陽崩了駕，
又是何人把位登？

歌師聽我講與你，

把你當作我徒弟，
我今一一傳給你。
顓頊高陽把位登，
多少鬼怪亂乾坤，
顓頊仁君多善念，
齋戒沐浴祭上神，
東村有個小兒鬼，
每日家家要乳吞，
東村人人用棍打，
打得骨碎丟江心，
每次黑夜又來了，
東村人人著一驚，
將他緊緊來捆綁，
綁塊大石丟江心，
次日黑夜又來了，
東村擾亂不太平。
將一大樹挖空了，
放在空樹裡面存。
上面用牛皮來蓋緊，
銅釘釘得緊騰騰。
又將酒飯來祭奠，
這時小鬼才安寧。
小鬼有了酒飯吃，
再也不來鬧東村。
西村又出一女鬼，

披頭散髮迷倒人，
西村也挖大空樹，
女鬼空樹躲其身，
忽見一人騎甲馬，
身穿黃衣腰帶弓，
一步要走二十丈，
走路如同在騰雲，
就把西村人來問，
可見披髮女鬼精？
西村人說不知道，
黃衣之人哼一聲，
你們不必來瞞我，
她乃是個女妖精。
她有同夥無其數，
八十餘萬鬧西村，
顓頊仁君多善念，
又奉王母旨意行，
捉拿又妖歸天界，
西村才得樂太平。
西村聽說忙回稟，
空樹之中躲其身，
黃衣之人忙起身，
空樹之中捉妖精。
一見女鬼騰雲起，
黃衣人趕到半空中，

忽然不到一時辰，
鮮血如雨落埃塵。
從此挖樹做大鼓，
穿著黃衣祛鬼神。
這裡順便說一句，
顓頊之時有天梯，
神仙能從天梯下，
人能順梯上天庭，
人神雜亂鬼出世，
鬧得天下不太平。
顓頊砍斷上天梯，
從此天下得安寧，
顓頊在位七十八，
葬於卜陽東昌城，
顓頊高陽崩了駕，
帝嚳高辛把位登。

二卷故事且不提，
再把三卷講幾句，
三卷根由來問你。
歌師講得很分明，
又把高辛問先生，
高辛建都什麼地？
今是什麼縣地名？
帝嚳高辛治天下，

又有何人作反臣？
高辛要殺反臣子，
何人提頭見高辛？
帝嚳娶得某氏女？
其女叫做什麼名？
可恨房王作反臣，
賜他黃金與美人。
高辛有個五色犬，
常跟高辛不離身，
忽然去見房王面，
房王一見喜歡心，
高辛王犬歸順我，
我的江山坐得成。
當時急忙擺筵宴，
賜予王犬好食品。
五色犬見房王睡，
咬下他的首級見高辛。

高辛一見心歡喜，
重賜肉包與它吞，
王犬一見伴不睬，
莫非我犬要封贈？
會稽王侯封與你，
又賜美女一個人。
又有何樣好吉兆？
身懷有孕幾月零？

此處叫做什麼地？
那時生下是何人？
高辛又娶某時女？
此女叫做什麼名？
不覺身懷也有孕，
那時生下什麼人？
高辛在位年多少？
又尊何人為天子？
是否是個有道君？
你今一一說我聽，
才算有知有識人。

仁兄問得好出奇，
這些故事來問起，
聽我一一說根底。
高辛建都名子台，
如今河南偃師城，
高辛仁君治天下，
王犬忙把恩來謝，
領了美女只交情，
後生五男並六女，
人身犬面尾後形，
後來子孫都繁盛，
就是狗頭國的根。

高辛娶得陳年女，
名曰慶都是她身，
慶都年近二十歲，
一日黃云來附身，
身懷有孕十四周，
丹陵之下生堯君，
高辛又娶諏訾女，
名曰常儀是她身，
諏訾常儀生一子，
子摯乃是他的名，
元妃姜嫄生稷子，
次妃簡狄生契身，
高辛在位七十載，
頓丘山上葬其身，
至今大明清平縣，
還有遺跡看得清。
子摯接位無道君，
九年卻被奸臣廢，
就立堯帝為仁君，
堯帝為君多有道，
我把根由說你聽。

不提堯帝不問你，
提起堯帝問根底，
不知根底怎樣起？

堯帝是個仁德君，
聖澤滔天民感恩，
無奈氣數有變改，
又出幾樣什怪名？
民間又把百姓害，
害得百姓不安寧，
堯帝又令何人治？
不知那人能不能？
何人與他來交戰？
怎麼收服得太平？
堯帝在位多少載？
帝子幾人賢不賢？
帝要交位何人坐？
何人躲於什麼山？
何人推病不得閒？
當時群臣來商議，
又薦何人治乾坤？
你今從頭說分明，
歌場之中你為尊。

你將堯帝來問我，
我將堯帝對你說，
叫聲歌師你聽著：
堯帝本是聖明君，
天降災難於黎民。

十日並出有難星。
禾苗曬得枯焦死，
百姓地穴躲其身。
忽然又是狂風起，
民間屋宇倒乾淨，
又有大獸大蛇大豬三個
怪，
它們到處亂吃人，
堯帝一見使羿治，
羿的弓箭如天神，
羿就當時尋風伯，
他與風伯大戰爭，
風伯被他射慌了，
即忙收風得太平。
十個日頭真可恨，
羿又取箭去一日落，
九箭九日落地坪，
原是烏鴉三足鳥，
九箭九日不見形。
還有一日羿又射，
空中響如洪鐘聲。
此是日光天子來說話，
「有勞大臣除妖精，
當年混沌黑暗我出世，
就有許多妖精與我爭，

九個妖光今除盡，
從此民安樂太平。」
羿就當時來跪拜，
拜謝日光太陽君。
九個日妖都射出，
堯帝賞了大功臣。
堯帝在位七十二，
帝子丹朱不肖名，
堯帝要讓位許由坐，
許由躲於箕山陰，
又叫子交接父住，
他又推病在其身，
當時群臣來商議，
才薦大舜治乾坤。

不提舜帝猶是可，
提起舜帝治山河，
你把根源對我說。
他父名字叫什麼？
他母又叫什麼名？
怎麼又以姚為姓？
他是何人幾代孫？
像是他的親兄弟？
怎麼處處害大舜？
這個根痕你不明，

我今一一說你聽：
舜帝父親名瞽叟，
握登乃是他母親，
握登生舜姚墟地，
故此以姚為姓名，
黃帝是他八代祖，
他是軒轅後代根。
他的母親早年死，
繼母才生象弟身，
繼母要把舜害死，
唆使瞽叟變了心，
父親象弟心一樣，
設計要害舜一人。
我把根由說你聽，
二回免得問別人。

舜帝力耕什麼山？
時常打魚何地名？
他又牧羊什麼山？
又陶瓦器何地名？
那時堯帝有詔到，
不知所為何事情？
不知舜帝怎回答？
堯帝賜他什麼人？
又將何物付與他？

他的父親怎麼行？
如何又要將他害？
怎麼設計怎麼行？
不知害死未害死？
可有救星無救星？
後又舜繼堯的位？
四海臣服稱仁君。

歌師聽我說分明，
舜帝當日是明君，
我今一一講你聽：
大舜勤耕於厲山，
雷澤地方做漁人，
時常牧羊演河地，
又陶瓦器在河濱。
當時堯帝有詔到，
舜帝即忙見堯君，
堯君就問天下事，
對答如流勝於君，
堯帝一聽心大喜，
二女與他作妻身，
大者名曰娥皇女，
二者名喚是女英，
又將牛羊倉廩付，
又將百官九男賜他身，

舜帝回家見父母，
繼母越發起妒心，
象弟當時生一計，
悄悄說與瞽叟聽，
父親叫舜上倉廩，
象弟放火黑良心，
大舜看見一斗笠，
拿起當翅飛出廩，
大舜並未帶損傷，
象弟一計未使成，
叫他古井去淘水，
上用石頭丟井中。
說起他家那枯井，
卻是狐精一後門，
九尾狐狸早知道，
象弟今要害大舜，
吩咐小狐忙伺候，
接住大舜出前門，
九尾狐狸來指路，
指條大路往前行。
父母二人與象弟，
俱在古井把井平，
大舜走在臥房內，
來彈琴絃來散心。
忽聽舜房琴聲響，

走進一看掉了魂，
瞽叟見舜害不死，
舜子果然有帝分。
害他念頭從此止，
堯帝讓位於大舜。
當時黃龍負河圖，
越常國獻千年龜，
朝中一日有祥瑞，
八元八愷事舜君，
堯帝在位九十年，
龍歸大海升了天，
陽壽一百單八春，
舜帝見堯辭凡塵，
避於河南三年春，
天下百姓感恩深，
趨從如市謳歌聲，
天下諸侯來朝覲，
不讓丹朱而讓舜，
一統山河樂太平。

舜為天子號有虞，
不記象仇封有神，
心不格奸真仁義。
舜流共工於幽州，
放歡兜，於崇山，

殺三苗，於三危，
殛鮌於羽山，
後來才生禹，
舜因巡獵崩蒼梧，
娥皇、女英心中苦，
終日依枕哀哀哭，
淚水漲滿洞庭湖：
「我夫在位五十年，
一旦辭世歸了天，
丟下商均子不賢，
我們姊妹無靠山，
怎不叫人淚漣漣。」
舜帝過後誰出生？
又有誰來治乾坤？
又請歌師說分明。
舜帝過後出大禹，
夏侯禹王號文明，
受舜天下管萬民，
國號有夏治乾坤。
他的父親名叫鮌，
以土掩水事不成，
天上盜息壤，
上帝發雷霆，
斬於羽山屍不爛，
後生大禹一個人。

說起大禹他出生，
歌師看我說得真不真？

歌師說得果是真，
禹王治水多辛勤，
疏九河來鑄九鼎，
從此九州才有名。
三過其門而不入，
決汝汉，淲淮泗，
瀹濟漯而都疏通，
引得水而歸海中，
十三年來得成功，
天下無水不朝東。
禹王告命塗山上，
塗山氏女化石像。
行至茂州遇大江，
黃龍負舟來朝王，
大禹仰面告上天，

黃龍叩首即回還，
渡過黃河到塗山，
天下諸侯都朝見，
黎民都樂太平年，
禹王為君真賢能，
治水千秋定乾坤。
他一飯食其身，
慰勞民間情，
外出見罪人，
下車問原因，
兩眼淚淋淋，
左規矩，左準繩，
不失寸尺於百姓。
禹王在位二十七，
南巡諸侯至會稽，
一旦殂落歸天去，
至今江山留勝蹟。

黑暗傳——原始資料之八說明：

原名為《黑暗大盤頭》，為張忠臣藏抄，原抄本封面書名為《黑
暗傳》，這個抄本於一九八三年五月發現，後經刪節選入《神農架民
間歌謠集》中。

黑暗傳

—— 原始資料之九

黑黑暗，黑黑暗，
獨母娘娘空中轉。
身懷有孕十萬八千年。
生下一子叫混元，
混元老祖空中站，
眼觀世界昏昏暗，
手裡八卦掐指算，
叫聲混沌大徒弟，
三顆仙丹把與你，
一顆仙丹化青天，
一顆仙丹化地理，
一顆仙丹無處用，

把徒弟化無極，
無極生太極，
太極生兩儀，
兩儀生四象，
四象生八卦，
八卦出世分陰陽，
聽講仁兄講黑暗，
天地日月星斗寒，
有段故事甚非凡。
天地有好大，有好長，有
好玩？
過尺量有好厚？

東到西有幾度？

南到北，有好遠？

幾多名稱在裡邊？

仁兄如果記得全，

真真算得歌神仙。

聽說仁兄記得熟，

天地自然有根古，

截裡元庵吳仁覆，

當日有個混沌祖，

閔文蒼宰是宰主。

東西南北極樂府，

善見故能槓軸樞。

乾見鬼神驚，

一月行一週，

而又遇一度，

行箔籮，無發無額，

又無度，上到下：

二億一萬六千七百八十一

週零半度。

南到北，

二億三萬三千五十七週

二十零五度。

東到西，

三億三萬七千六週九十零

二度。

黑暗傳——原始資料之九說明：

系松柏鎮堂房村曾啟明所轉抄。詳細情況見原始資料之一的說明。原名《混天記》。這裡只有一個開頭的片斷。

第二部分

整理版本

黑暗傳

胡崇俊　整理

開場歌：

東邊一朵紅雲起，
西邊一朵紫雲開。
誰個孝家開歌場？
引得四方歌師來。

開歌路，歌路開，
起歌樓，搭歌台，
千山萬水聚攏來。
腳踏山來山也動，
腳踏水，浪花翻。
腳踏龍，龍抬頭，
老虎豹子齊逃散，
不顧生死往前趕。

日吉時良，天地開張，
歌鼓二人來開歌場。

開，開，開，盤古老祖下
山來，

一開天地陰陽，
二開日月三光，
三開五方土地，
四開閃電娘娘，
五開風婆雨師，暫且退讓！
六開古老前人，先祖先王。
七開金龍鳳凰，青獅白象，

八開魑魅魍魎，不可阻擋！
九開天地人三界，人間天
堂。
十開一條條大道，直達歌
場。

歌路開得長，
水路八百，旱路千里，
歌場開得大，歌場開得寬。
奉請千軍萬馬，八路神
仙。
歌場比武，擂台擺上。
唱個短的太少，
唱個長的太長，
不長不短到天光。

一二三四五，擂動三陣鼓，
未曾開口汗長流。
講起古來根古長。
鼓兒圓圓檀香木，
崑崙山上長，崑崙山上出，
月亮照見它出土。
露水將它哺成樹，
魯班把樹來砍倒，
剔了枝柯拖出林，

鋸一節空心檀香木。
鉋子刨來銼子銼，
鼓梆八塊分八卦，
上為陽來下為陰。
內包五形分四象，
春夏秋冬分八音。
鑼兒本是黃銅打，
暗合太陰與太陽。
鑼槌一個，鼓槌一雙，
讓我歌鼓二人早進歌場。

頭頂天，腳踏地，
來到孝家大門前。
孝家門前搭高樓，
搭的走馬轉角樓。
四道高門在四方。
一道中門在高堂。
打開東門好跑馬。
打開西門好耍槍，
打開北門招歌郎。

歌台搭在樓中央，
上蓋青色琉璃瓦，
下鋪玉石方磚，
八根金梁玉柱。

置下梭羅門兩扇。
早晨開門金雞叫，
晚上關門鳳凰鳴。

歌鼓堂前好光景，
好比天堂玉殿形，
錦幛上面繡海馬，
海馬上下繡乾坤，
乾坤之上繡日月，
日月旁邊繡彩雲。
彩雲旁邊繡花朵，
花朵旁邊繡鵪鶉。

打開歌樓一重門，
一重門裡不見人。
只見一對怪獸守，
一個含繡球，
一個戴銅鈴，
這是青獅白象，
守在兩旁。
叫一聲青獅白象，
請你站一邊，
閃在一旁，
讓我歌鼓二人，
早進歌場。

孝家一副好棺木，
說起棺木根古長。
崑崙山上一棵樹，
此樹名叫長生木。
上面枝葉四季青，
上有一枝朝北斗，
下有一根穿泉壤。

左邊枝頭鳳做窩，
右邊根上老龍洞。
只有盤古神通大。
手執一把開山斧，
先天元年砍一斧。
先天二年砍半邊，
先天三年才砍倒。
先天四年落凡間，
魯班先師一句話，
先造死，後造生。
生生死死根連根，
萬古千秋到如今。

哪一個，白頭不老得長生？
哪一個，神仙不是做古人？
想昔日，神農皇帝嚐百草，
中毒而亡無藥醫。

想昔日，老君不死今何在？
想昔日，八百壽命一彭祖，
到頭來，骨化形銷一堆土。
黃金若能買命活，
皇王要活萬萬秋。

昔日螳螂來撲蛾，
豈知黃雀在後啄，
黃雀又被金彈打，
打彈之人被虎拖，
老虎掉在深坑內，
坑內又被黃土梭，
黃土上邊長青草，
青草又被鐮刀割。
鐮刀又被鐵匠打，
鐵匠又被無常捉。
自古一報還一報，
勸人行善莫作惡！

歌場來了兩個客，
孝子施禮忙迎接。
一個童子五尺高，
一個老者貌堂堂。
打開歌樓二重門，
二重門裡不見人。

只見一對金雞把守，
頭戴金冠，尾開寶扇。
這不是金雞，是鳳凰，
請你站在一邊，閃在一旁，
讓歌鼓二人，早進歌場。

打開歌樓三重門，
三重門裡不見人，
只見兩個紅黑二將。
原來是兩位門神，
叫聲門神，
請站在一邊，閃在一旁，
讓歌鼓二人，早進歌場。

打開歌樓四重門，
四重門裡不見人，
只見兩個女子，站在兩旁。
一個短來一個長，
原來是長三娘，矮三娘，
她們所生的五個兒郎。
個個飽讀詩書，做得文章。
只有五郎年紀小，
專愛打鼓鬧夜。
唱些山歌野腔，
只見他早已進了歌場。

打開歌樓五重門，
五重門裡兩個神。
手拿刀斧刨鋸，
原是魯班兩個弟子，
張郎與李郎，木匠與漆
匠，
做得一口好棺木，
刨得平，漆得光，
棺木原是一棵桑。
長在崑崙山頂上。
四塊長的在四方，
四塊短的在中央，
魯班造下一口倉，
專殮亡者上天堂。

請問你是哪裡來的歌郎？
人又生得聰，氣宇軒昂。
歌又唱得好，聲音洪亮。

答曰：
不是遠道而來的賓客，
而是打鼓鬧夜的歌郎。

旱路水路，五湖四海訪歌
友，

學得一些稀奇文章。
打開他小小行囊，
一個小小的籠箱，
拿一套歌本，滿篇詩行，
龍行虎步，走進歌場。

問曰：
歌書有幾千幾百本？
歌有幾千幾萬零？

答曰：
歌書有三千七百本，
歌有十萬有餘零。

問曰：
哪年哪月歌出世？
哪年哪月歌出生？
歌是前朝什麼人作？
什麼人傳歌到如今？

答曰：
起初年間歌出世，
起初年間歌出生。
歌是前朝古人作，
代代相傳到如今。

問曰：
什麼年間開天眼？
什麼人布下滿天星？
什麼人看見地翻身？
什麼人出世擂戰鼓？
什麼人出世會彈琴？
什麼人取火燒自身？
歌師一一來說清，
才算歌場老師尊。

答曰：
盤古出世開天眼，
斗母布下滿天星，
地母看見地翻身，
雷公天上擂戰鼓，
女媧出世會彈琴。
閃電娘娘取火種。
取得火種燒自身。

問曰：
講天由，講天由，
天河岸上幾條溝？
幾條溝裡出桃子？
幾條溝裡出鐵牛？
什麼人放，什麼人收？

什麼人置下鐵籠頭？
鐵牛闖下什麼禍？
鐵牛又被何人收？

答曰：
天河岸上九條溝，
九條溝裡出鐵牛，
老君放，老君收，
老君置下鐵籠頭。
吃了崑崙山上草不長，
喝了黃河水不流。
撞塌天宮三萬三千琉璃
瓦，
撞倒王母娘娘三千三萬
金柱頭。
玉皇大帝生了氣，
貶到人間作家畜。
牧童放，農夫收，
耕田耙地老黃牛。

水有源，歌有頭，
句句喪歌有根由。
歌師得知天根由，
請你給我講清楚。
要講清，說不完，

天地奧秘玄又玄。
下至泉壤上九天，
問混沌，說黑暗。
或問日月怎團圓？
黑暗混沌多少年？
才有人苗出世間。
玄黃老祖傳混沌，
混沌傳盤古，
九番洪水三開天。
才有日月星光現。
伏羲女媧傳人煙，
千秋萬代往後傳。

談天上，順天遊，
談地上，江湖走。
身騎一隻梅花鹿，
上走黃河九十九道灣，
下走長江青龍偃月灘。
三山五嶽任我走，
看景緻，訪歌友，
歌鼓場上樂悠悠。

我問青山何時老？
青山問我幾時閒？
我問流水翻什麼浪？

流水問我白什麼頭？
嘆得人生多忙碌，
難比山長青來水長流。

我在這裡高拱手，
歌師，歌兄，
歌弟，歌朋友。
一場山歌唱出頭，
好比江河向東流。
未曾唱歌請歌師。
要請歌師起歌頭。

這時請來一位老者，
腰兒彎彎，背兒駝駝。
長長的鬍鬚，高高的額
頭，
肩挑一擔，手提一籠。

問曰：
哪裡來的歌師？
哪裡來的高手？

答曰：
揚州的歌者，
柳州來的鼓手。

問曰：
肩挑一擔是什麼？
手提一籠是何物？

答曰：
肩上一擔是陽雀，
手提一籠是畫眉。

問曰：
陽雀怎麼叫？
畫眉怎麼啼？

答曰：
陽雀叫的咕溜扯，扯咕
溜，
畫眉鬧林渡春秋。
一聲歌兒唱出來，
好比泉水出洞口，
船兒彎在浪沙洲，
一陣順風調了頭。

歌頭：

打掃堂前起歌頭，
哪位歌師先開口？

香菸裊裊渺悠悠，
敲起龍鳳鼓，
打起青銅鑼，
一拜師來二訪友。

開了歌頭莫住聲，
要唱古往與來今。
或唱天文與地理，
或唱日月並五星。
或唱崑崙與五嶽，
或唱開天闢地人。
或唱稀奇並古怪，
或唱黑暗與混沌。
或唱青山並水秀，
或唱走獸與飛禽。
歌朋歌友顯才能，
一夜唱到大天明。
歌場好比野山藤，
將藤割回搓根繩，
將繩拴住歌場人。
萬國九州有賢師，
五湖四海出能人。
高拱手來低作揖，
為弟去此講書文。
師出題目我作文。

題目出自哪本書？
我將題目問先生。

十年難逢金滿斗，
五年難遇臘庚申，
今日相逢有緣分，
眾星捧月到天明。
唱歌要唱本頭歌，
大樹不倒盤根深。
追根求源有學問，
腳穿草鞋慢追尋。

提起四游並八傳，
考倒多少假好漢。
任你提起哪幾游哪幾傳，
四游八傳哪一段，
玄黃、混沌和黑暗，
說盡天地也不難，
生鐵補鍋顯手段，
龍鳳鼓上試試看。

一、天地玄黃：

天上日月星斗寒，
天地故事甚非凡。

天有多大，有多高？
地有多厚，有多深？
東南西北有好遠？
幾多名稱在裡邊？
歌師如果記得全，
真正算得歌神仙。

問我記得熟不熟？
天地自然有根由。
天河泥沙此化出，
從小到大有生於無。
無極太極有兩儀，
混沌之時無宰主。
善變掌故天地樞，
崑崙之山產萬物。
崑崙之山分東西，
東南西北極樂府。
洪水之時妖魔現，
四十八祖動刀斧。
山崩地裂洪水後，
重整江山分九州。

一聲閃電沙泥動，
霹靂交加雷轟轟，
分開混沌黑暗重。

哪有黑暗根基深，
哪位歌師他知情？
要盤根來就盤根，
天地自然有根痕，
才產天精與地靈。

先從天河來講起，
化得混沌有父母，
化得黑暗無母生，
黑暗出世有混沌，
混沌之後黑暗明，
才把兩儀化成形。
兩儀之後有四象，
四象之中天地分，
然後才有日月星。
說天星，講天星，
講起天河一段根，
不知哪年生一蟲，
此蟲大得無比倫。
渴了喝的天河水，
餓了忙把砂石吞。
吞了吐，吐了吞，
不知吞吐幾萬春。
砂石磨得亮晶晶，
好比寶珠放光明。

此蟲吞食漸長大，
生甲長角一龍形。
一日來把砂石吞，
一口噴出滿天星。
此龍追趕忙飛騰，
五色祥雲來包住，
結成一團出混沌。

砂石包龍龍追石，
砂石把龍包中心。
日月星斗包在內，
將來萬物從此生。
砂石飛出天河外，
日後此龍化崑崙。
萬物包在山中心，
砂石日後多變化。
哪位歌師講得真？

油波滇汜消沸化，
口張吐水放金霞，
當時有個瀜溰祖，
瀜溰生浦湜，
浦湜就是混沌父，
瀜溰就是混沌母，
母子成婚配，

生出一圓物，
包羅萬象在裡頭，
好像雞蛋未孵出。

當時黑暗生黑蛋，
黑蛋生出眾神祖。
五條黑龍往外鑽，
九大名山包在內，
包羅萬象天地產。
混沌出世劈兩半，
眾位老祖才出生，
混沌裡面生黑水，
放出黑水放光明。
汗清又出世，
潚潨變滇汝，
混沌從前十六路。

一路生潚潨，
潚潨生浦湜，
浦湜生滇汝。
二路生江泡，
三路生玄真，
四路生泥沽，
五路生汗水，
六路生湜沸，

七路生湧泉，
八路生泗流，
九路生紅雨，
十路生清氣，
十一生菩提，
十二生重汗，
十三生浬洰，
十四生汻浬，
十五生洞泬，
十六生江沽，
江沽出世才造水土。

說江沽，有根古。
江沽出世水乾枯，
屍骨化水成泥土。
青華山下有水池，
潚潨池中有家譜。
潚潨來把卵珠吐，
生出浦湜一個神，
這才傳出混沌根。
提起十六卵珠子，
傳卵圓物裡邊孕。
江沽出世一魚形，
廣吸元氣長成精。
漸漸長大無比倫，

一口喝乾天池水，
天乾地枯無水分。

江沽找水四方尋，
千里萬里多艱辛。
聞聽北溟是大海，
一日千里往前行。
北溟萬里冰雪海，
有一尊祖號北溟。
北溟海中有黑谷，
黑谷之中有洞府。
洞中住的北溟祖。
要見北溟取玄冰，
要取玄冰做水母。

江沽來到北溟中，
來到大海水中游，
不知洞府在何處。
一日遊到冰山中，
只見光亮照虛空。
江沽沿著光亮找，
果然亮處一洞府。
此洞好比水晶宮，
光分五彩一明珠。

北溟老祖洞中坐，
口含明珠放光明。
生得一條白龍樣，
見了江沽怒眼睜。
江沽連忙把話云：
乞求老祖賜玄冰。
北溟來相問，
哪裡來的大魚精？
江沽答曰：
出身中土地，
瀠淥是母親，
只因喝乾天池水，
天乾地也枯，
天乾水也枯，
難以活姓名，
才到此處遊。

天地乾枯難保生，
特請溟祖賜玄冰，
玄冰化水救生靈。
唯有玄冰是真淨水，
才是萬物救生根。
北溟一聽開言道，
玄冰原是水之精。
玄冰非是容易化，

需得玄光一寶珍。

北溟之北有一神，
名叫玄光坐崑崙。
玄光口中含玄珠，
玄珠才能化玄冰。

北去崑崙千萬里，
問你江沽如何行？
江沽一聽淚水淋，
北溟老祖心憐憫。
拿出九個泥糰子，
乃是泥精來做成。
叫聲江沽來吞下，
力大無窮有精神。
北溟開口來相問，
願不願意來化身？
要化大鵬金翅鳥，
要去崑崙一時辰。

江沽聽了心歡喜，
取來珠寶見師尊。
霎時江沽變了樣，
脫了魚皮化鳥形。
展開雙翅騰空起，

一翅飛起到崑崙。
崑崙山中一洞府，
洞府中有老仙神。

行過禮後忙開言，
尊聲玄光老仙神，
萬里迢迢借玄珠，
不知尊神肯不肯？
玄光一聽心了然，
定是北溟把話傳。
點化他來借玄珠，
取了玄珠天地暗，
玄冰化了洪水淹。

玄光老祖心默算，
也是江沽有劫難。
天生他要造水土，
玄光這時一聲嘆，
玄珠乃是火中精，
看你如何取回還？

江沽回言不要緊，
含在口中往回轉。
江沽飛到北溟地，
口中玄珠如火炭。

剛要落在洞府口，
口中玄珠落下來，
萬丈光焰騰空起。
洞中玄冰來溶化，
頓時波濤千萬里。

只見空中起黑雲，
黑水已經漫天眼，
天搖地動好驚人。
聽得嘩啦一聲響，
黑水淹到黑天外，
狂濤巨浪蓋天頂。
天蓋呼啦塌下來，
把地扣得緊沉沉，
後出盤古天地分。
玄黃老祖收黑水，
來把黑水四下分，
這時天地重新創，
又出多少稀奇文。
上有赤氣降了地，
內有包羅吐清氣，
生出一個叫元湜。
唯有元湜有一子，
一子更名叫沙泥，
沙泥傳沙滇，

沙滇傳沙沸，
沙沸傳紅雨，
紅雨傳化極，
化極傳苗青，
苗青傳石玉。
千變萬化有根基，
誰人知得那玄秘？

當時有個混沌祖，
天地自然有根古。
內中他還有一物，
名曰包羅生水土，
土生金，金生水，
水上之浮為天主，
刺鑿其額為江沽，
三爻五爻為乾象，
飛龍化出羽毛長，
才有惡鳥橫空出。
無天無日無星斗，
糊裡糊塗說出口，
哪個知得這根古？

五條黑龍往外鑽，
擠破黑蛋生黑煙，
黑煙放出生黑水，

黑水漫漫又滔天。
黑水流出來觀看，
凸凸凹凹萬重山。
幾處凸來幾處凹，
崑崙出世有根源。
黑水之中生靈氣，
黑蛋落在水中間。
不知過了多少年，
黑蛋炸開玄又玄。
黑水流出黑龍先，
五條黑龍鬧翻天。

黑水之中長座山，
名叫青龍有根源。
山頂好似蓮花開，
裡邊現出一毫光，
滾出一塊青石來，
下面好似蓮蓬樣，
上面青石生五孔，
五股青煙冒出來。
結朵祥雲生五彩，
五彩雲霞一散開。
掉下一個圓物件，
露出一個小人來，
隨風長大多奇怪，

胸前自帶頭像來，
半邊黃來半邊黑，
玄玄二字現出來。

玄玄出世有根苗，
出世更比玄黃早，
青龍崑崙高又高，
暗通陰陽生根苗。
玄玄出世小又小，
全身不滿二尺高，
見風成長高萬丈，
地眼靈氣結成胎。

他與玄黃來爭鬥，
般般武藝使出來。
玄黃鬥贏玄玄輸，
口趁玄黃把師拜，
玄黃收他為弟子，
崑崙山中坐靈台。

誰個出世是混沌？
混沌之時出玄黃，
玄黃出世天地生。
玄黃出世玄又玄，
無有日月共九天，

無山無水無星斗，
更無火來又無風，
也無人苗和萬物。

講起玄黃他的根。
公山崑崙母青龍，
兩山相連合攏來，
一聲霹靂又分開，
地眼開口好古怪。
冒出清氣化一人，
青龍山中化一怪，
冒出黃氣化一神，
玄黃老祖結靈胎。
要知二人這根古，
聽我從頭唱出來。

玄黃怎麼出的世？
什麼地方又冒煙？
什麼地氣化神仙？
化身之後麼情景？
又出什麼眾神仙？
歌師如果說得全。
也會成為歌神仙。

未分天地有一山，

它為眾山之根源。
山川社稷從此起。
天地陰陽萬事全。
山高三百六十丈，
山峰五萬並九千。
八萬四千里為方圓。
生有八萬四千根毫毛，
三百六十根龍骨節。
五氣朝元接五行，
乃通九竅按九千。
山有山峰並兩凹，
遠看如似筆架山。
此山名為「玄黃山」，
高大寬廣為祖山。

內隱胎息並神育。
變化無窮萬象全。
一胎育山山育氣，
有胎有氣是活山。
孕者氣藏融合聚，
凝結土宮在深山。
氣之藏聚方為孕。
四處發脈悠悠然。

一支山脈左邊去，

結成一座青龍山。
又生一脈左邊去，
長成一座崑崙山。
青龍、崑崙山二座，
名為玄黃耳手山。
二山相對互環繞，
龍虎威武巍巍然。

玄黃山如筆架形，
生在西域聖地境，
又無生物和人煙。
崑崙一脈到塞外，
東土東勝名神州。
外生一座峪峎山，
發脈又到太荒山。
太荒山又發支脈，
長出五座好神山。

第一瀛洲二方壺，
第三嶠山四岱輿。
第五蓬萊五太岳。
暘谷、扶桑在東海，
具是崑崙三脈端。
又發二脈離方去，
南贍部洲碙山。

西牛賀洲在兌方，
又生一座加拖山。
四支山脈坎方去，
又在盧州長成山。
結成硝硳山一座，
俱是乾方西北延。
四大名山把脈連，
生成千山並萬山。
氣之變化玄黃山，
即是無極包萬象。
兩儀四像在其間。

諸物萬象生變化，
水火金木土孕育全。
變化青赤黑白黃，
五形五色化石泥。
萬物由此才發源。

左山玄黃右青龍，
陽氣赤氣沖虛空。
玄黃山中黑氣起，
後山青氣如雲煙。
黃氣青氣一起繞，
五色雲彩結成團。
霎時之間結一物，

五色圓物空中現。

空中咚咚一聲響，
一下落在玄黃山。
山頂之上滾五轉，
一陣清風雲煙散。
忽然化成人一個，
身高十丈巍巍然。
頭上青髮白色面，
兩足赤紅似火焰。
站在玄黃山頂上，
極目連連四下觀，
四圍黑暗如墨團。

見一赤氣光閃耀，
走近赤光過細觀，
原是一個大地眼。
一團圓物在眼中，
冒著熱氣團團轉，
又見前邊山頂上，
一股白氣光閃閃。
走進白氣閃耀處，
也是一個圓窟眼。
又一圓物在其中，
一道霞光來衝起，

白霧青黃並紫煙。
此人朝著霞光走，
一塊黃石光如玉。
黃石高有九丈零，
十二丈寬形四正，
此人就往石上坐，
化為九色寶蓮台。

詩曰：

黃石一塊九丈高，
十二丈圍玄黃苗。
變為九色蓮花瓣，
蕊現霞光透九霄。

此人坐在寶台上，
心中暗想甚原因，
一隻陰眼一隻陽，
天地玄黃此時生，
自己取名叫玄黃。

詩曰：

未生天地吾在前，
一名真一又玄元。
有影無形常自在。
巍巍軀體在先天。

黑暗未有星和斗，
渾渾沌沌無人煙。
身借五色祥雲化，
無神無仙吾占先。

再說天眼和地目，
二目圓睜天地眼。
以後不斷來變化，
多少稀奇在裡邊，
玄黃坐在黃石上，
青龍山頂白氣冒，
沖上虛空雲一團。
又見崑崙山頂上，
一道赤氣紅光閃。
赤氣白氣來合攏，
結一圓物落下邊。
落在玄黃山頂上，
頓時化成一個人。
身長九丈粗五圍，
黃色頭髮白色面。
此人抬頭來觀看，
四邊都是黑暗暗。
獨有一山霞光現，
一朵蓮花多耀眼。
五彩祥雲擁金蓮，

中間坐了一個人，
不知何人在此間。
此人慢慢來走近，
見一神人好威嚴。

連忙來把老者喚，
老者聞聽睜開眼。
看見此人把話問，
你是何人把我見？
姓什名誰哪裡來？
有何事情快開言。
此人連忙來回答，
無名無姓生地眼。
玄黃忙把名字取，
奇妙之名號玄元。
玄黃收他為弟子，
結伴前行山中玩。
師徒遊玩一山頂，
山上一個大洞門。
石洞寬敞如洞府，
一重門來二重門。
一重門裡有瑞氣，
照得裡面甚通明。
二重門裡鮮花開，
鮮花謝了結鮮果，

吃了不老萬壽春。
三重門裡香撲鼻，
上垂瓔珞下鋪錦，
玉石床和玉石凳，
真是神仙之妙境。
與之一一取個名。
取名就叫鴻蒙洞，
石上刻字傳後人。

一日師徒出洞門，
來叫玄黃山上行。
又見地眼赤氣出，
山上天眼青氣生，
忽聽轟然一聲響，
二氣氤氳結一團，
落在山中滾三轉，
頃刻又沖半天中。
又落玄黃山頂上，
山頂之上放祥光。

詩曰：
天地參參落滑塘，
內安日月並星光。
中藏五行並四象，
分開陰陽是玄黃。

滑塘池中一圓物，
滾去滾來放豪光。

玄黃吩咐奇妙子，
取來圓物我觀賞。
奇妙來到滑塘池，
一池清水起波浪。
圓物好似一珠寶，
伸手取寶喜非常。

空中掉下人一個，
此人身高五丈長。
奇妙連忙問姓名，
那人口稱浪蕩子，
要與奇妙奪寶珍，
兩人爭奪不相讓，
拉拉扯扯爭輸贏。
浪蕩一口來吞下，
奇妙連忙見師尊，
玄黃叫來浪蕩子，
為何吞了我珍寶？
快快吐出不理論。

你是哪裡的浪蕩子？
你在哪裡來出生？

浪蕩答曰根基深，
荷葉老祖一門生。
自古長在池塘內，
長出荷葉蓮花開。
荷葉上有水珠子，
隨風滾去又滾來。
久而久之得靈氣，
化出吾身浪蕩名。

那顆寶珠已吞下，
看你如何來理論？
奇妙震怒吼一聲，
飛來一把開天劍，
空中旋轉飛下來，
就把浪蕩來斬了，
身分五塊五下橫。
寶劍依然飛騰去。
空中飄飄蕩蕩行。

詩曰：
吾已知此劍，
不是爐中煉，
自成億斯年，
原是五氣變。
快快落下地，

莫在空中旋。

寶劍一聽落下地，
落在奇妙子面前。
忽然落地已不見，
落劍之處開金蓮。
金蓮花中有物象，
物像一現就杳然。
飛劍已斬浪蕩子，
身分五塊血流出，
鮮血流出如紅水，
腹中蹦出那寶珠，
寶珠落地滾溜溜。

玄黃叫聲奇妙子，
你將珠寶來劈開，
一半黃來一半青，
青上浮來黃下沉。
只聽咔嚓一聲響，
逢中劈開一般勻。
青赤二氣兩分開，
玄黃山下產育精。

虛空混合盤旋轉，
結成圓物似蛋形。

青的半邊化青氣，
黃的半邊在地平。
霎時天青地又黃，
不斷擴大無邊境。
青的為天又為雲，
黃的為濁往下沉。
從此天地初出世，
黑暗之中現光明。
玄黃又叫奇妙子，
拿個葫蘆你且去，
滑塘池中取壺水，
快去快來莫遲疑。
這時奇妙到滑塘，
五色祥雲忽飄起。
滑塘之中有池水，
不知多深往上溢。
放下葫蘆來打水，
池水全進葫蘆裡。

詩曰：
小小葫蘆三寸高，
玄黃山上長根苗，
卻能裝盡天下水，
不滿葫蘆半中腰。
玄黃接過葫蘆水，

五塊屍體五下淋，
口中連忙吹口氣，
叫聲快快來化身。

詩曰：
吾乃非凡神，
一氣變化身，
吾吹一口氣，
借氣化五行。
五行化五神，
去到五方行。

一塊屍體化一人，
身高數丈有威靈，
面分青黃赤白黑，
此是無妨五行神。
五人個個來下拜，
叫聲玄黃為師尊。
玄黃一見心中喜，
五人個個取下名。
各管東西南北中，
各有職責在其身。
自然生成有妙用，
分開陰陽配五行。

玄黃山右青龍山，
山上有處大老林。
老林之中長奇樹，
有的花葉成人形。
陰陽交媾二氣化，
才使萬物來賦形。
但見青龍山頂上，
五棵古樹自成林，
五色花朵滿樹開，
枝葉茂密樹皮青。

原是七珍七寶樹，
波羅蒼樹，菩提名，
還有檀香杪欏樹，
棵棵寶樹都有名。
有的結果小人樣，
有的葉子現圖形。
樹枝盤曲如龍蛇，
陣陣花香撲鼻根。
突然花果落下地，
頓時化成人一群。
見了玄黃忙迎接，
個個前來叫師尊。
突然一陣狂風起，
樹葉落地化九人。

九人原是靈葉變，
又拜玄黃為師尊。
九人一一取了名。
師徒十人一大群，
跟著玄黃到崑崙。

山上有一清泉洞，
一池清泉為水根。
崑崙山為名山祖，
分支通脈群萬嶺。
四方山脈五條龍，
東西南北都有名。
第一山名崑崙山，
第二太荒山老嶺。
山嶺直達東海處，
又取瀛州，方壺，
方丈，岱輿，員嶠名。
更有一山叫蓬萊，
上有金闕金銀台，
玉樓紫閣好仙景。
蓬萊雖好無人去，
就是神仙也不能。
周圍弱水三千里，
丟片羽毛也下沉。
中有暘谷深萬丈，

後有日月在此升。
玄黃說與眾徒聽：
不覺遨遊崑崙行。
山中有城為九重，
九重城裡有九井。
九重城裡有城門，
神獸把守嚴又緊。
十二宮殿十二樓，
俱有瑤台與玉闕。
後為天帝之都城，
縱是神仙也難進。

眾人遊玩觀山景，
忽然三陣狂風生。
刮得雲霧騰空起，
霎時黑暗慘澹形。
順手抓住風的尾，
知道其中有原因。
原是山中有一獸，
生得奇怪甚驚人。

詩曰：
頭黑項綠毛色青，
六足白色紅眼睛。
長尾好似黃金色，

二角五尺頭上生。
其獸高有四尺五寸零，
長有九尺三寸身。
獠牙四顆如鋼劍，
此獸名字叫混沌。

頭如碾盤樣，
口張簸箕形。
角長有五尺，
高有四丈五。
長有百丈零，
獠牙三尺劍，
目中放光明，
鼻孔似水桶，
行走雲霧伴，
一動狂風生。
異香三陣過，
出氣山川震，
六足雲霞起，
頃刻萬里程。

滿身鱗甲九九數，
能吐火光照虛空。
背上又生雙翅翼，
翅膀一展狂風生。

要與玄黃來爭鬥，
崑崙山中定輸贏。
此獸張口朝天吼，
一股黑氣往上升，
黑氣之中有鳥叫，
好似烏鴉一大群。
玄黃一一認分明，
一隻名叫鳹鴟鳥，
嘴殼紅色黑的身。
二隻名叫畢方名，
身子墨黑頭色青，
第三名叫鵁鶄鳥，
三個頭來六隻眼，
伸出六翼和六足，
抓住玄黃頂門頭。
第三鵸鵌有九頭，
口一張來火光起，
要燒玄黃眾徒身。
第四名叫鴂鸇鳥，
六目四翅賽大鷹。
第五名叫人面鳥，
口吹黑氣毒霧生。
玄黃取出小葫蘆，
倒出大水火滅淨，
四隻惡鳥無蹤影。

混沌一獸慌張了，
變一白蝶飛不贏。
一飛飛到葫蘆口，
一股狂風頓時生。
不是朔風和罡風，
不是西北東南風，
不是楊柳松竹風，
此風名叫「無形風」。

詩曰：
無形風來不叫風，
無影無形又無蹤。
又名耳風真厲害，
神仙逢此必遭凶。
吹入六腑丹田內，
穿透九竅骨空中。
骨肉俱酥身自化，
化為青煙影無蹤。

玄黃打開葫蘆口，
把風收在葫蘆內，
混沌一見忙下跪，
要叫玄黃饒性命。
這時猛獸搖身變，
變一隴狸要吃人。

玄黃祭起開天劍，
一條電光殺混沌。
這時混沌來跪下，
俯首帖耳淚淋淋。
玄黃收它為坐騎，
又取名字叫開明。

玄黃騎了混沌獸，
師徒又在山中行。
只見山中一仙女，
美貌端正裸體身。
名叫朦朧女婀仙。
她是一個產育神。
見了玄黃忙下拜，
叫聲玄黃救性命，
手按肚腹口呻吟，
一連生下兩個蛋，
活蹦亂跳地上滾。
玄黃劈開蛋來看，
蹦出小孩一大群。
十個男孩十二女，
個個機靈甚喜人。
天干地支出了世，
玄黃一一取下名。
一群小孩見風長，

霎時個個長成人。
玄黃一一作婚配，
從此才有天干地支名。

詩曰：
在天為星在地為神，
在人心肝脾肺腎。
各屬金木水火土，
又配宮商角徵羽五音，
青黃赤白黑五色。
東西南北中五方名，
各歸其位盡其責，
五方五地守護神。

鴻蒙洞中奇妙子，
玄黃出遊心納悶，
忽然心中靈機動，
挖來黃泥做泥人。
眼睛所見心裡想，
各類型像要做成。
做一男來做一女，
眉清目秀好端正。
又讓他們成婚配。
世世代代有子孫。

奇妙正把泥人塑，
口吐涎水捏泥人。
抬頭一看吃一驚，
玄黃騎獸轉回程。
隨後眾徒無其數，
奇妙慌忙前去迎。
玄黃一見泥人笑，
此是前緣與後因。

對著泥人吹仙氣，
要使泥人還原形。
化成一個土珠子，
滾來滾去成一人。
取名就叫泥隱子，
日後人世有泥神。

崑崙山上碧水池，
碧水池中生紅蓮。
紅蓮九朵生紅煙，
紅煙裡邊九火蛇，
火蛇口中吐火焰，
玄黃拋出一根繩，
捆住九蛇在山巔，
九蛇口中含火珠，
照得山上放光明。

太荒山上一桃樹，
樹高萬丈無比粗。
同時開花又結果，
青桃未黃早桃熟。
七個仙桃真可愛，
七桃裂口現七核。
七彩紫氣不見了，
跳出七個小嬌嬌。
一見玄黃微微笑，
玄黃老祖問根苗。

七童當時來答道：
我來本是仙桃精，
滅天之時劫逃過，
孕化萬物傳人苗。
七童手指仙桃雲，
此物不是非凡品，
混沌黑暗起的根。
說罷七童不見形，
玄黃老祖心納悶。
回到洞中觀分明，
石台上面飄香氣，
台上現出七果仁。
玄黃拿起觀仔細，
桃仁突然來跳起，

頓時落地生了根。

長出七棵仙桃苗，
七色鮮花朵朵開，
朵朵鮮花如傘蓋。
玄黃弟子吃桃子，
桃核丟在山裡頭，
不知桃核有物體，
許多神靈日後出。

崑崙山上一棵槐，
青枝綠葉甚可愛。
層層樹葉如天蓋，
密密樹根通地脈，
槐樹之中懷老母，
老母又把子孫懷。
百鳥百雀樹上落，
五音五色分色彩，
有的鳥兒來獻果，
有的鳥兒報信來。

一日玄黃崑崙行，
見一景緻好驚人，
一棵古樹高萬丈，
樹上百鳥叫連聲。

有的好像烏鴉叫，
有的好比鳳凰鳴。
樹下有個碧玉洞，
住了一群老妖精，
大怪張口無比大，
四顆獠牙往外伸。
二怪頭上一隻角，
四隻眼睛如銅鈴。
三怪兩頭生四角，
分開兩半合一身。
四怪人頭鳥雀樣，
張開翅膀飛黑雲。
五怪獅頭人身樣，
大吼一聲如雷霆。
六怪獨角四隻手，
膀子三丈有餘零。
七怪人身老虎頭，
豎起尾巴九丈零，
圍著玄黃不放行，
大怪張開血盆口，
伸出獠牙要吃人。
二怪一角撞將來，
力大無窮本事能。
三怪伸出四隻手，
要捉玄黃眾徒生。

四怪飛在半天裡，
要抓玄黃一個人。
六怪昂頭來得快，
咆哮一聲如雷鳴。

玄黃見了吃一驚，
原是山中怪物精，
連忙祭起開天劍，
一道閃電起紅雲，
六怪一見忙跪下，
口稱玄黃饒性命：
「我們都是太荒生，
有的是金石來成形，
有的樹木來長成，
有的山精並水怪，
有的爬蟲與飛禽。」
說罷一一現原形，
五顏六色放光彩。
玄黃一見心中喜，
眾怪以後有用處，
收為弟子一路行。

玄黃回到洞府中，
收的弟子一大群，
排在兩邊講道法，

宇宙洪荒講原因。
先天後天講一遍，
陰陽變化萬物生。
玄黃坐在靈台上，
畫天畫地畫風雲，
口吐祥雲透九霄，
指頭上面繞彩雲。

玄黃老祖洞中坐，
手持金鞭化條河。
一條黃龍水上行，
一隻天龜來相迎。
黃龍盤在金龜背，
龜負黃龍重萬鈞。

天河有塊五行石，
天龜含在口中吞。
每回吞吐三千次，
天龜借它養性命。
天龜不慎把石吐，
「咕咚」一聲落凡塵，
落在黑水潭中心，
黑水一時鼓大泡，
現出一個大山林，
此山名叫五行山。

五行山，五條嶺，
五嶺像是五龍形，
一條黃龍中間臥，
口含一珠放光明。
照亮七十二崑崙，
後出多少稀奇文。

玄黃叫聲泥隱子，
葫蘆一個傳與你，
後收洪水葫蘆存。
天干地支入葫蘆，
交與泥隱一神人，
藏在崑崙石洞內，
要躲洪水一難星。
洪水一萬八千載，
葫蘆存在崑崙頂。
等到盤古開天地，
天干地支得重生。
玄黃留下詩一首。
說泥隱子你且聽：
先天一世要滅盡，
後天盤古才出生。
盤古舉起開天斧，
一斧劈開太陽洞，
天上才有太陽神。

二斧劈開太陰府，
天上才有太陰星，
三斧劈開葫蘆殼，
天干地支滿天星。
玄黃老祖元氣化，
混沌初開第一神。

詩曰：

未開天地玄黃尊，
他是開闢第一神。
地氣化身收眾徒，
天地一體萬物生。
天下名山初具形，
九大名山好風景。
收服紅魔轉化神，
諸多物體初長成，
可憐洪水泡天地，
所創世界一掃平。
一看黑水三巨浪，
大浪淘去多少神，
多少神仙成泥沙，
一波未平一波生，
九九劫難又逢春。

二、黑暗混沌：

玄黃過後出混沌，
依然黑暗少光明，
天地相連無人分，
混沌九九八十一劫難。
混沌之後盤古生。

混沌本是一頭顱，
無鼻無竅甚是神，
多少玄妙裡頭存。
歌師記得清不清？
恭請歌師講分明。

詩曰：
混沌無有天和地，
古祖靈山出世起，
寒陽洞裡參禪機。
乾坤混沌幾萬秋，
度下開天闢地斧。
崑崙山上講根由，
乾坤黑暗黑無邊，
傳下徒弟混沌仙。
混沌未分有一山，
天心地膽在中間。

盤古老祖他在先，
活了一萬八千年，
那時洪水才泡天。

講起混沌有根基，
我有一句來問你：
洪水泡天有根源，
叫聲歌師聽我談，
洪水泡天有幾番？
自從洪水泡天地，
混沌黑暗誰在先？
清水泡天有幾番？
從頭至尾講根源，
那時才算得你為先。

自從洪水泡了天，
玄黃老祖他在前，
洪水泡天有三番，
三五老祖他在先，
清水泡天出古祖，
才有古祖在靈山。
清水泡天有幾番？
清濁相連無有天。
我把天地談一談，
乾坤暗暗如雞蛋，

千層萬層包得嚴，
誰人知得這根源？

密密匝匝幾千層，
三五相交看不清，
聽我一一說混沌。
混沌山上十八祖，
青龍嶺上崑崙山，
崑崙山上起青煙，
三千七百神仙洞，
八百洞中降真仙，
聽我一一說根源。

玄黃死後留頭顱，
天地靈氣裡頭存，
預示天地未成形，
後來轉變為混沌。
無鼻無眼心裡明，
如似一個雞蛋形。
劃天老祖來彩畫，
取出神筆畫圖形。
五氣六氣畫眉毛，
八字峨眉兩邊分。
七孔八竅安停當，
睜開雙目看分明。

鑿開混沌開七竅，
才有三光與三才。

混沌頭破似天開，
化一老祖有氣概。
混沌老祖初出世，
無有天地五行勢，
一氣三化將人置。
站住仔細四下觀，
舉目抬頭看一看，
四方都是黑暗暗，
清濁二氣上下連，
無有人影在世間。

混沌一氣降世起，
生在青梅山前地。
青梅山上把道傳，
聚攏三百六十員，
寒陽洞裡講神仙。
都是天地變化成，
乾坤黑暗得自然。

混沌辭別洞府去，
太荒山前走一程，
只見烏雲沉沉黑，

不知南北與西東。
混沌便把旗來繞，
現出太荒一座山。
轉身住在太荒地，
不覺又是五百春。
只見太荒金石現，
石斧鐵錘現原身，
賜予盤古把天分。

玄黃頭顱化混沌，
混沌裡面盤古生。
盤古生在頭顱內，
頭顱好似天地形。
盤古隨著頭顱長，
又有神祖畫成形。
混沌轉化為盤古，
實為三度轉化身。

北方壬癸化水星，
東方甲乙化木星，
西方庚辛化金星，
南方丙丁花火星，
四方星辰來助陣，
要助盤古顯威能，
北方水星化海池，

東方木星化斧柄，
西方金星化石斧，
南方火星霹靂震，
中央戊己是崑崙，
腳踏太荒一山林。
盤古來在山頂上，
一斧劈開混元石，
清氣浮而九霄去，
重濁落在地下沉，
天高地厚才形成。
老祖老母神兩個，
一個紅精黑暗祖，
一個黑精紅暗母。
紅水之時金石化，
黑水之時成神祖，
收下三百六十子，
都是先天化童頑。
老祖老母來講道，
要將頑童都從善，
都成正果知天然。

洞房門前一石獸，
像虎像獅像狻猊。
非虎非獅不一般，
一對眼睛紅光閃，

齜著獠牙吐舌端。
一日頑童來玩耍。
見了石獸眼流血，
越流越多甚慘然。

老祖一見事不好，
石獸流血為哪般？
老祖老母來觀看，
原是洪水要泡天。
洪水要淹崑崙山。
吩咐子弟快躲避，
最後剩下三個半，
哪三個，哪半個？
要請歌師找答案。

老祖老母未淹死，
半個弟子是混元。
弟子慌忙去躲難，
有的藏在深洞內，
有的忙往石縫鑽，
有的爬在高樹上，
有的長翅飛上天，
有一個葫蘆連藤長，
忽然咋開忙開口，
快到口裡躲難星。

有的連忙往裡鑽，
化為魚龍把水翻。

有一個弟子叫混元，
混元弟子不一般，
日後混元有造化。
清水之時有一緣，
連忙來把混元叫，
來到石獸腿中間，
石獸腿後有一孔，
此是崑崙一地眼。
你今躲在地眼內，
扯菀茅草來蓋嚴。
還有弟子無處躲，
崑崙山中地方寬，
山中有山山上山，
無數洞府神祖占。
有一洞府甚奇異，
各樣景緻看不完。

提起混元一老祖，
躲在地眼三千年。
這時他把頭來探，
洪水未退淚幾點。
望了四次仍未退，

四滴眼淚滴下邊。
化成四個水爬蟲，
萬丈長來千丈寬，
又出浪子不一般。
四個浪子無比怪，
浮在水上像大船。
四個浪子四下分，
搖搖擺擺水上玩。

四個浪子四個怪，
又吞日月又吞天。
第四浪子它最好，
常常回來見混元。
混元問它哪裡去？
浪子回答水上玩。

水上看見什麼景？
一蓬荷葉大又圓，
一蓬荷葉有九匹。
一匹荷葉一重天，
荷葉上面有一景，
露水珠兒亮閃閃。
滾來滾去有靈性。
放出五色祥雲團。

混元聽了多有趣，
天地之根已出現。
荷葉在天分九重，
露珠像似雨露般。
荷花已謝蓮籽落，
蓮籽將來化神仙。
正是浪子口中渴，
七顆甘露一口吞。

喝了七顆甘露水，
一朵蓮花還未謝。
一個蓮蓬結籽生，
荷葉失了甘露水，
枯了荷葉和花心。

荷葉老祖一苦蓮，
混元忙把浪子問：
見了荷葉你咋辦？
浪子回答我吃了，
吃了荷葉往回轉。
荷葉好吃水好喝，
撐得肚皮圓又圓。

混元一聽心大怒，
來把浪子撕兩段。
只分兩段不打緊，

露出荷葉屎一團。
人間萬物包在內，
一團混沌分清難。
屎團一堆見風長，
陡然長起山一座，
名字就叫青龍山，
後頭慢慢說根源。

金鼓一停我接住，
提起昊天一段古，
歌師聽我從頭數。
無有乾坤無有天，
只有古祖他在先，
自從洪水泡了天，
渺渺茫茫無自然，
山中十萬八千年，
才出昊天老神仙。
講起古祖來出世，
提起昊天老祖母，
一無父來二無母，
你看古怪不古怪？

黑黑暗暗，混混沌沌，
渺渺冥冥，昊天此時生，
只有昊天聖母生得惡，

頭上長出一對角，
打敗黑龍平洪波。

洪水泡了天和地，
提起靈山須彌洞，
昊天聖母一段情，
聖母原是金石長，
清水三番成人形。
石人得道稱聖母，
名喚昊天是她身。
聖母坐在虛妙洞，
要到靈山走一程。

站在靈山四下望，
洪水滔滔怕煞人，
兩條長龍在爭鬥，
二龍相鬥氣騰騰。
只見空中黑雲現，
黃龍當時逞威武，
抓得黑龍血淋淋。
黑龍當時來聚會，
弟兄五個顯威能，
黃龍一時敗了陣，
直奔靈山洞府門。

聖母觀了多一會，
定天珠在手中存，
拋在空中雷電閃，
黑龍一見忙敗陣。
便把黑龍來打敗，
七竅流血逃性命。

漫天黑雲不見形，
往西邊走不見了，
這時洪水稍平靜。
黃龍落在靈山上，
感念聖母有恩人。
生下三個龍蛋子，
三個龍蛋放光明。
聖母一見心歡喜，
將蛋吞在腹中存。
吃了三個龍蛋子，
腹中有孕在其身。
懷孕不覺三十載，
正月初七降下身，
一胎生下人三個。
聖母一見甚歡心。

長子取名為定光，
次子后土是他身，

第三取名為婆娑，
須彌洞中生長成，
三個兒子已長成，
不覺已過五百春。

聖母便把孩兒叫，
靈山景緻多得很。
一座石岩高萬丈，
朵朵梅花在中間。
三十六匹葉子長，
有座仙山生得妙，
更比群山高遠了。
此山名字叫虛妙，
虛妙山上長仙草。
色分七彩好奇妙。
樹高只有三尺三。
時時都把毫光現，
結顆寶珠似仙丹。

李子開花白又鮮，
根深葉青自先天。
後世自有神仙出，
上古神來下古仙。
杏樹開花碗口大，
杏子黃了四時鮮。

杏仁裡面有一物，
洪水之後出世間。
桃樹花兒紅豔豔，
花開不謝三千年。
三千年後結桃子，
桃核裡頭藏眾仙。
後來王母蟠桃會，
自有桃仁落人間。

一莖青草正揚花，
花開花落一瞬間。
此草名叫天仙草，
後叫稻米五穀先。
一萬八千春過後，
傳與農夫好種田。
此事雖是後來事，
說與孩兒記心間。

母子來到丹桂樹，
看見樹下紅光現，
聖母一見高聲問：
你是什麼妖魔怪？
燒死丹桂為哪般？
忽然兩人來跪拜，
一男一女忙開言：

「一男一女人兩個，
名叫子貞與天賢。
原在荷花池內住，
金水相生結仙緣。
只因三番洪水後，
俱在靈山躲難星。
桂花樹下藏其身。」
聖母聽了此言語。
笑在眉頭喜在心，
「原是太陽與太陰，
後來日月就是你，
一陰一陽照乾坤」。

二人聽罷忙點頭，
辭別聖母不見形。
一男回到太陽洞，
一女又歸太陰門。
都在咸池深海內，
並蒂蓮花海上存。
有一根古在後頭，
浪蕩吃了糟難星。

母子游到菊花殿，
各種菊花開得鮮。
面對一個雪花洞，

雪花紛紛頓覺寒。
將來以花來分月。
一十二月結花緣。

梅樹開花報春早，
桃李開花正春天。
稻花一開穀結穗，
菊花一開霜雪連。
此是靈山四季景，
傳在後世在人間。
忽聽樹上嚶嚶叫，
原是黃鳥萬萬千。
黃鳥一叫報時辰，
黃鳥報時有根源。
黃鳥一叫天就明，
黃鳥二叫太陽升，
黃鳥三叫正午時，
黃鳥再叫天黃昏。

母子觀罷靈山景，
要回天山洞府門，
定光看得正高興，
要到靈山頂上行。
定光來到山頂上，
洪水滔滔怕煞人。

黑霧騰騰空中旋，
忽聽空中喊一聲。
叫聲定光你且聽，
太虛洞中多熱鬧，
請到太虛走一程。

定光跟著黃龍走。
太虛殿中看分明，
只見宮殿多齊備，
亭台樓閣色色新。
定光來到太虛殿，
紫雲騰騰放光明。
黃龍跪下稱老祖。
定光聖祖你且聽，
可恨黑龍來作亂。
又翻洪水水連天，
他與吾龍來作對，
靈山頂上躲災星。

太虛洞中九天外，
不遭洪水救眾生，
敬請聖祖發號令。
五條黑龍多厲害，
兄弟五個本事能，
大哥手執開山斧，

二哥口內吐紅雲，
三弟能把山搬走，
四弟攪得海翻騰。
只有五弟手段狠，
天地日月一口吞。

五條黑龍有來因，
它是上古洪荒生。
當日石龍一老母，
住在洞內悶沉沉。
下到崑崙來遊玩，
洪水之中起黑雲，
黑雲遮住老母身，
老母當時肚子疼，
產下一個龍蛋子，
龍蛋炸開兩邊分。
蛋裡跳出五黑龍，
五條黑龍吐黑水，
一股黑水淹崑崙。
如果收了黑龍精，
天下洪水得太平。
定光聽得這言語，
怒目圓睜冒火星。
忙招鷹龍來領命，
來到崑崙高山頂。

說起鷹龍大得很，
千片羽毛萬丈長，
遮天蓋地本事能。
原是天上大鵬鳥，
一聲吼叫如雷鳴。
兩道目光如閃電，
爪如鐵鉤萬般能。
名叫鷹龍無敵手，
專為定光聽號令。
當時鷹龍聽吩咐，
黑龍抓到爪中心。
便把龍頭來拿下，
拿在定光面前呈。
當時洪水來平定，
黑龍散去不見影，
黃龍當時把恩謝，
連忙獻出寶和珍。
獻上化雲珠一顆，
化為九天一朵雲，
落定塵埃天地清。
黃龍最後為天師，
掌管龍神它為尊。

昊天聖母知此事，
便叫次子幽冥聽。

你把黑龍來收服，
九泉地獄去安身。
叫他托起五方地，
地高水退得安寧。

聖母又把幽冥叫，
你到幽都走一程，
賜你斬關劍一口，
分開五關到幽都。
幽冥來到幽都地，
此為地府十八層。

五條黑龍陰魂在，
見了幽冥怒氣生。
今日要把仇來報，
為何斬我五性命？
說罷現出五龍爪，
要抓幽冥一仇人。
幽冥取出翻天印，
五龍嚇得戰兢兢。
幽冥一見傳下令，
封為幽都守門人。
又賜夜明珠五顆，
照得幽都地獄城。

幽都城裡冤魂多，
都因洪水喪性命。
上古神仙水中死，
許多龍蛇也喪生。
大大小小三千萬，
聚在幽都等超生。
幽冥做了幽都主，
主管幽都一座城。
來把冤魂一一問，
打發陽世來托生。
掌管五關並六部，
又管陰陽二界門。
又賜夜明珠五顆，
照見幽都放光明。

崑崙山上鴻清洞，
鴻清洞中一段情。
白妃娘娘洞中坐，
她的出生怪得很。
遠古太荒洪水起，
一番洪水那時生，
一塊白石化人體，
白化老母出世根。
原在崑崙山上生，
一塊白石大又圓，

黑暗之中放光明。

久而久之石頭炸，
一道紅光如彩霞，
變出一個女嬌娃，
後名白妃就是她。
長子名字叫洪儒，
次子取名是洪浩。
只有三子他最小，
取名就叫小鴻鈞。
談起三子根基深，
元始上古寶石珍。
金水相生得精氣，
三番洪水有了靈。

崑崙山中三口井，
原是地眼品字形。
一井黑水苦又腥，
一井紅水如血汁，
一井清水如甘霖。
原是三番洪水留，
靈氣聚到三口井。
白妃喝了三井水，
借得白妃腹長成。
九九三精附一體，

白妃娘娘來育生。

不覺三子都長大，
各到各處顯威靈。
一日鴻鈞把山上，
玉虛洞中走一程。
一見定光洞中坐，
見了鴻鈞忙相迎。
兩個在此來相會，
原是上古緣分定。

以後再把根古論，
多少根古講不清。
玄黃老祖生青氣，
浪蕩出世吞了天。
黑龍黃龍兩相戰，
三番洪水天地淹，
昊天聖母戰洪水，
鴻鈞稱為第一仙。

金龜吐石生崑崙，
九天老祖降凡間，
洪末、末葉、與荷葉，
定光、玉虛、與幽冥。
神仙之中第一賢，

九斬崑崙三妖龍，
混沌出在洪荒間。
盤古出世分天地，
更比玄黃高得遠。
有人知得這根源，
能在歌場稱上仙。

三、日月合明：

盤古初開幾顆星？
幾顆星斗放光明？
何星白日昇上界？
何星夜中放光明？
何神出世日月升？
輕氣上浮為何因？
濁者下沉為何名？
不知為何生無極？
為何又有太極生？

混沌初開分天地，
盤古出世此時起，
誰人知得這根底？
盤古出世神又神，
站在九霄雲裡層，
手拿一把開天斧，

斧頭用來開天門。
又有一把開山斧，
風火鑽，
還有斬龍劍一根。
盤古開闢天地明。
兩手舉斧安日月，
開天闢地定乾坤。
盤古知道地理與天文，
開天開地定乾坤。

陰陽二氣攪一團，
二氣不分成混沌。
二氣來分開，
才成天地形，
氣之輕清往上升，
氣之重濁往下沉，
方才成了天地樣，
才算開天第一人。

歌師你請慢消停，
我把歌師稱一聲，
盤古怎麼來出身？
提起盤古問分明，
盤古怎麼來出世？
怎麼來把天地分？

盤古應天而出世，
生於太荒有誰知？
混沌世界怎開闢？

說盤古，講盤古，
多虧混沌一老祖。
九十一氣費盡心，
五行方位安其身，
渾身上下元氣足，
盤古他在哪裡走，哪裡
行？
怎麼得的開天斧？
那斧是寶還是精？
或是木頭來砍就？
還是鋼鐵來打成？
你把根源說我聽，
才算歌場第一人。

歌師聽我說分明，
我把根由說你聽，
今日鼓上遇知音。
混沌之時出盤古，
洪荒之中出了世，
說起盤古有根痕。
當時乾坤未成形，

青赤二氣不分明，
一片黑暗與混沌，
金木水火土，
五行未成形。

乾坤暗暗如雞蛋，
密密匝匝幾千層，
不知過了多少年，
二氣相交產萬靈。

盤古懷在混沌內，
此是天地產育精。
混沌裡面是包羅，
包羅吐青氣，
崑崙才成形，
天心地膽在中心，
出生盤古一個人。
不知過了幾萬春，
盤古長大成人形，
盤古昏昏如夢醒，
伸腿伸腰出地心。
睜開眼睛抬頭看，
四面黑暗悶沉沉，
站起身來把腰伸，
撐破黑暗與混沌。
天寬地闊無比倫。

一朵赤氣往下落，
長出崑崙山一座。
自從崑崙它長成，
不知過了多少春。
崑崙山上繞黑龍，
把山繞了三轉有餘零，
盤古來把黑龍斬，
元氣化為精，
崑崙增高三千丈，
長成五龍形。
崑崙生出五條嶺，
生出一個五龍形，
曲曲彎彎多古怪，
五龍口中流紅水，
聚在海洋內面存。
就在此處結仙胎，
多少古怪長出來。

盤古出世雷聲響，
一股靈氣透天光，
衝開黑暗雲和霧，
衝破頭顱一混沌。
定要把混沌來劈分。
這時盤古四下里尋，
上為蓋來下為盆，

嚴絲合縫扣得緊，
混沌如同頭顱形，
左尋右摸看不真，
上無縫來下無門，
看來天地不好分。

盤古原名曰金坤，
身高萬丈無比倫。
混沌裡面生長成，
漸漸長大難容身。
金木水火土五行，
天河落的寶和珍。
落在地上萬萬年，
土之保養成五星。
水星化成大海池，
木星化成高山林。
金星化一把開天斧，
漂在海上不下沉。

盤古見了忙撈起，
一把石斧不差分。
盤古奔波一路行，
往東方，東不明，
往北方，看不清，
往南方，霧沉沉，

往西方，有顆星。
盤古摘來星星看，
西方金星來變化，
變一石斧面前存，
盤古一見喜十分，
不是金來不像銀，
也不像鐵匠來打成，
原是西方庚辛金，
金精一點化斧形。

盤古連忙把斧拎，
拿在手中萬斤重，
喜在眉頭笑在心，
拎起斧子上崑崙。
一座高山來阻路，
盤古開言把話論。
此山像把斧子形，
拿起不重也不輕，
盤古得了寶和珍。
一把斧子拿在手，
盤古來到東山上，
黑黑暗暗四下連。
不覺來到高山嶺，
霧氣騰騰怕煞人，
不知天地怎麼分？

手執開天斧一把，
劈開天地上下分，
高山擋路一掃平。
盤古來到崑崙山，
抬頭睜目四下觀，
四下茫茫盡黑暗，
看是哪裡連著天。
東邊砍，西邊砍，
南邊砍，北邊砍，
聲如炸雷冒火星，
劈山填海開地平。
盤古他把天地分，
此處還有好詩文。

詩曰：
舉斧開天真奇異，
善能安排天和地，
兩指一伸開天剪，
剪開雲霧往前行。

四句詩兒不打緊，
多少歌師不知情。
歌師聽我說分明，
我把根由說你聽，
今日鼓上遇知音。

混沌之中出盤古，
鴻蒙之中出了世，
盤古石斧化雷電，
千秋萬代鎮天庭。

盤古根古說你聽，
不知知情不知情？
歌師唱得可是真？
我今還要問幾聲，
不知仁兄聽不聽？
盤古既把天地分，
還是天黑地不清，
還要什麼照乾坤。
太陽太陰怎麼行？
天有日月來相照，
怎麼又有滿天星？
怎麼又有雨淋淋？
你把根由說我聽，
才算歌中一能人。

歌師你且慢消停，
我把根由說你聽，
看我說得真不真？
盤古分了天和地，
天地依然是混沌，

還是天黑地不明。
盤古想得心納悶，
要找日月與星辰，
來到東方看分明，
有座高山豪光現，
壅塞阻攔不通行。

提起日月上天庭，
此中奧妙無窮盡。
日月又是什麼來長成？
誰人得知日月升？
歌鼓場中拜上尊。

說起當年天河厚，
石龍吃沙煉寶珍。
一口噴出天地生，
石龍卷在地中心。
石龍頭上一雙眼，
乃是寶中之寶珍。
洪水泡天隨波滾。
沖洗磨煉亮晶晶。
一日長起兩座山，
東崑崙來西崑崙。
一座日山一月嶺，
兩山相對萬里遠，

像對眼泡目未睜。

盤古開砍眾山嶺，
誰敢阻擋一掃平。
左劈右砍汗淋淋，
一滴汗水一朵雲。
見到左右山一對，
原是日山月山兩山嶺。
一斧劈開太陽洞，
一顆珍寶耀眼明。
一斧劈開太陰府，
一團清光亮瑩瑩。
盤古一見用手撿，
霎時二珠騰空起，
向東飛去如流星。

盤古開步去追趕，
一步跨有百里程。
二珠越飛越是快，
盤古後邊追得緊。
越過高山和水窪，
追過一程又一程。
只見二珠落東海，
地眼咸池萬里深。
咸池頓時波濤起，

祥雲朵朵水色清。
水上金蓮開萬朵，
每朵花中有圖形。
原來是二珠陰陽太極像，
原來是二氣生化來成形，
原來是二珠尚得長修練，
原來是日月升天有時辰。

盤古這時睜慧眼，
慧眼長在額中心，
一看知得未來世，
功果未滿轉回程。

盤古回到太荒林，
眼觀四方黑沉沉。
只有東方有光色，
定是咸池二珠明。
盤古又往西方尋。
西方天地連得緊。
大步流星往前走，
前邊有一萬丈坑。

萬丈坑裡有一物，
好似怪物大得很，
口吐黑霧毒氣生。

一對眼睛綠瑩瑩。
見得盤古張大口，
一口要把盤古吞。
盤古舉起開天斧，
對著怪物下無情。

怪物名曰混沌獸，
吞天吞地本事能。
先天黑暗玄黃收，
後天黑暗又逢盤古神；
玄黃之後一萬八千歲，
又出盤古收混沌。
一個浪蕩吞天珠，
一個浪蕩吞地靈。
這個怪物吞萬物，
就連盤古也敢吞。
盤古舉斧將它砍，
一股黑水又翻騰。

此時黑水又泡天。
怪物逃生不見形，
此獸不除有後患，
後來又把日月吞。
盤古劈山來填水，
止住黑水四下分。

蓄住黑水歸海池。
萬里為圓千丈深。

盤古又到北方行，
北方泉山連天澟，
砍開冰山沉大海，
此是北溟無比冷。
砍開冰凌現一物，
一條魚龍像山嶺，
長有千里生銀甲。
雙目紅晃晃光明。

張開大口狂風起，
盤古也難穩住身。
魚龍來與盤古斗，
要與盤古比輸贏。
盤古舉斧高劈下，
砍得魚龍逃性命，
盤古後邊忙追趕，
魚龍躍起變化身。

化成一隻大蒼鷹。
抓住盤古往上拎。
盤古把爪來捉住。
又啄盤古雙眼睛。

盤古鬆手護雙眼，
蒼鷹掙脫逃性命。
展翅高飛追不上。
此為鷹龍出世根。

盤古又往南方行，
南方一片紅雲火。
一座高山冒焰火。
下有火海難攏身。
千隻火鳥齊撲來，
要燒盤古一個神，
他是金剛不壞體，
不怕火來不怕冷。

盤古撲鳥鳥飛散，
引水滅火熱氣蒸。
從此南方有大海，
才有南海對北溟。
盤古四方開三方，
只剩東方等時辰。
一日等得時辰到，
要請日月上天庭。

盤古開闢費辛勤，
不覺又是八千春。

日月二星已修成，
十磨九難才成形。
盤古來到東方地，
來到咸池把神請。
咸池大海九萬里，
波又平來水又清。

日月二珠成人形，
修起日宮和月殿。
宮中無數寶和珍，
聚結天精和地靈。

日神為陽月為陰，
化為俊男美女身。
男掌日珠女月寶，
金龍看護保安寧。
不知盤古來相請，
但願永久不離分。
盤古來到咸池地，
站在一山觀風景。

此山半圓為不周，
山清水秀飄祥雲。
水深萬里能見底，
日宮月殿放光明。

山上一棵大古樹，
樹上果實重千斤。
此樹高有萬丈餘。
樹枝如蓋分九層。

盤古這時忙打望，
每片樹葉現圖紋，
上有天文並地理，
點化盤古分五行。
這時樹上有鳥叫，
聲音洪亮甚驚人，
盤古見鳥生得美，
金色羽毛紅冠頂。

這時金鳥叫一聲，
對著盤古點頭鳴。
此鳥不像是惡鳥，
定是祥鳥報好音，
三聲鳥啼落了音，
傳入日月宮殿門。
連忙出了咸池水，
見是盤古老神尊。

日月雙雙來下拜，
二人到此喜相迎。

開天闢地多辛苦，
吾等至此保安寧。
迎得盤古進日殿，
殿裡景色難說盡。
千里寬來萬里闊，
上有青天日珠明。

殿旁無數七寶樹，
玉枝寶花色色新。
月宮更是現奇景，
玉石欄杆鑲寶珍。
盤古說聲來相請，
來請二神上天庭。
二神說聲不答應，
不願上天遭難星。

盤古再次說聲請，
要請二位照乾坤。
四方天地已開闢，
如今洪水已波平。
天地黑暗無光明，
缺少日月和星辰。
只有你等當此任，
這是天意不容情。

見得盤古此言語，
面帶怒容顯威靈。
日月二神點頭應，
盤古開言帶笑云：
你們升天安排定，
我來保護無難星。
一月夫妻會一面，
月愛陽來日愛陰。

山上那棵扶桑樹，
當作天梯往上登。
樹上金鳥報時辰，
普天之下有黎明。
叫來金龍來護送，
駕起雲車十二乘。
手執化雲珠一顆，
腳踏風火二車輪。

日穿寶衣火焰甲，
萬道金光萬化身。
月披水晶衫一領，
夜灑甘露濟眾生。
日神月神來領命，
披掛齊備要起程。
一聲響亮天地開，

九重天堂頓時明。

日月初升不安寧，
西方怪物毒氣噴，
霎時黑雲滿天庭，
乘機要把日月吞。
日神拋出化雲珠，
霎時黑雲往下沉。
月神灑下甘露水，
消了毒氣和妖氛。

這是鷹龍來飛起，
遮住日月難照明，
盤古揮起斬龍劍，
一聲雷電喪性命。
日月升上九霄雲，
照亮青天一日輪。
這時才有晝與夜，
才有四季有陰晴。

周天三百六十零五度，
極地一百八十二度零。
天有六天青黃赤紅黑，
上下六合兩儀成。
詩曰：

天地合德，
日月合明，
盤古開混沌，
苦難救眾生。
日月升天有歲序，
天地萬物從此生，
夜有雨露晝有晴，
千秋萬代轉金輪。
盤古老祖來分水，
手拿一個葫蘆瓶。
分開葫蘆瓢兩把，
連忙舀水忙不停。
一瓢水叫天上水，
化作天河雨淋淋。
二瓢水作江河水，
向東流去永不停。
三瓢化為湖中水，
湖水不乾水族生。
四瓢水作大海水，
大海魚龍好藏身。
五瓢水作無根水，
在山為霧在天雲，
萬物有它養性命。

盤古老祖取黑水，

黑水裝進葫蘆瓶，
葫蘆瓶兒長三寸，
以後發芽再生根。
此時江沽已為鯤鵬，
口吐混丸把水平，
九顆泥丸化九州，
九州九處出神靈。

歌師唱歌莫消停，
再把盤古問一聲，
方才算你有學問。
盤古分開天和地，
又有何人來出生？
盤古還是歸天界？
還是人間終了身？

盤古過世一首詩，
七言四句正相應，
你把詩句說我聽，
我今拜你為師尊。
歌師聽我說分明，
我把根由說你聽。
不知說得真不真？

盤古分了天和地，

又有天皇出世根。
盤古得知天皇出，
有了天皇治乾坤。
盤古隱匿而不見，
渾身配與天地形。
頭配五嶽巍巍相，
目配日晃晃月明，
毫毛配著草木枝枝秀，
又按日月照天地。
天皇出世分晝夜，
又分天干與地支。
上定天盤星有序，
下受乾坤有地理。
地皇接住管九州，
才有人煙子孫興。
人皇出世人分群，
才分禮儀與人倫。

四、人祖創世：

盤古分了天和地，
又請日月上天庭，
又收黑水平天下，
重創世界萬物生。
這時天地啥模樣？

又出哪些眾仙神？
歌師如果講得真，
《紅黑傳》上走一程。

東海仙山有紅池，
有一烏龜池中生。
吸取天地之靈氣，
修成滇汜一仙神。
統管水族三千萬，
三番紅水漫乾坤。
（本書中紅水與黑水、
清水均是創世時期中
的洪水神話，此處因
情節發展，洪水又分
為紅黑清三種形態。）

鰲魚蛟龍來爭鬥，
都想稱霸不安寧。
滇汜一見怒生嗔，
平叛水妖紅水平。
滇汜揮起分水旗，
鰲魚蛟龍水底沉。
抽出山水劍一把，
水妖水怪逃性命。

紅水波平浪靜後，
滇汜忽然變了形，
變成紅花如仙神。
一日遊玩花山上，
滿山百花好風景。
花叢坐著石龍母，
滇汜連忙拜師尊。

石龍老母花叢坐，
神通廣大無比能。
她知天地有進程，
紅水三番要消退，
清水三番波濤平。

石龍忙把紅花問，
你是哪的女仙神？
紅花仙神忙答應，
紅水之中來修成。
平息紅水成女神，
特拜老母為師尊。
石龍說道隨我去，
怕的性命難保身。

提起紅花女仙神，
她是滇汜轉度人。

老母給她取下名，
鐵角老母是名號，
引你去叫名台真，
又拜台真師尊稱。
台真一見心歡喜，
開言便把弟子稱。
我今與你取下號，
又叫玄天你的名。
賜你幾顆靈丹子，
天河砂子來形成。
你把靈丹來埋下，
一股紫煙如祥雲。
紫煙裊裊化一人，
見了玄天忙下拜，
連忙又把師祖尊。
玄天一見心歡喜，
我今與你取個明。
取名滇元賜丹靈。
埋下又出開天神。
滇元用丹化人才，
後出多少開闢人。

先天唱起泥隱子，
後天唱起末葉神。
海蛟他把天來滅，

洪水泡天無有人。
只有先天泥隱子，
他是先天創始人。
知道天地已該滅，
蓬萊山上坐其身，
天地俱無少世界。
四座名山霧沉沉。
崑崙蓬萊山二座，
太荒山對泰山林。
四大名山無人住，
只有泥隱子一神。

緊打鼓，慢逍遙。
黑暗根源從頭道：
崑崙山有萬丈高，
二山相對真個好，
兩水相連響潮潮，
泥隱子觀看荷葉發，
二水沖成一河泡。
化成人形三尺八，
荷葉上面起根苗。

泥隱子，抬頭看，
忽見水泡成人形，
水泡成人真古怪，

隨時與他取了名，
取名「末葉」二字文，
又稱無極是他身。

末葉得了姓和名，
就問泥隱名和姓，
泥隱子來回言道：
「我今一一說你聽：
吾是先天泥隱子，
故此給你取姓名。」
正在說時抬頭看，
陰山流水響沉沉。
一具浮屍水上漂，
生下孩兒人三個，
天翻地覆聚會中。

洪儒他在西崑崙，
放下葫蘆收紅水，
紅水消退現山嶺。
子會一萬八千春，
紅水泡天無世界，
後來天地有紅塵。
二弟洪浩來出世，
放下葫蘆把水平，
葫蘆裡頭裝黑水，

黑水淹地無有人，
黑天黑地黑混沌。

第三鴻鈞來出世，
鴻鈞出世現人形。
她為人形是女身。

泥隱子，把媒做，
配合夫妻兩個人。
二人低頭來下拜，
謝了泥隱子做媒人。
泥隱子，開言道，
口稱末葉你是聽，
「今來無天又無地，
先天世界傳你身，
你傳後天世上人。」
說話將身只一變，
隱入青山不見形。

末葉出世教人倫，
不覺數代有餘零，
頂上還掛一葫蘆，
葫蘆放出是綠水，
綠水青山到如今。
三人出世會人寅，

天翻地覆未生成，
猶如雞蛋一個形，
昏昏暗暗不得明。
末葉口稱泥隱子；
我今不拜你為尊。
泥隱子聽了心中怒，
口罵忘恩負義人。
「你是西北一塊土，
是我塑你一人形。」
「這些胡言我不聽，
你今若有真手段，
再塑一個才算能。」
泥隱子當時塑一人，
搖搖擺擺甚斯文。
一口仙氣吹將去，
土人睜眼笑盈盈。
身長三丈零一尺，
橫眉豎眼獠牙生，
土人一見心歡喜，
拜他二人為師尊。

泥隱子一見心歡喜，
師徒三人上山林。
真空之中無一物，
無物之中有物生。

空者一概無所立，
圖名皎潔一輪迴。
「我今無影本無形，
無父無母本來人。」
捏不成形眼不開，
看來看去難成胎。
有人道我先天地，
沙泥沙石脫仙胎。
渺渺茫茫道為主，
身居雷霆坐靈台。
冷眼無邊看世界，
黑暗憔悴怎得開？

西天老母隨後跟，
一十八人說不盡。
三父八母誰人曉？
幾人知得這根苗？
三災八難來講起，
大海九連窩一座。
一個老母窩中生，
原是海鳥蛋一個。
蛋破產出一個人，
樹根穿身災難盡，
頭頂鷹鳥不動身，
隨來土長是真人。

無天無地無乾坤，
又無日月兩邊分，
他母懷他十六歲，
四月初八午時生。

一眼觀定乾坤界，
身坐西方半邊天。
十八神仙旁邊站，
眾多老母站台前，
左邊站定四十八個老母，
右邊站立四十八個祖先。

秦氏老母站右邊，
又向元古來表明，
元古坐在靈山嶺，
天愁地慘實難忍，
萬里乾坤不自然。
收下弟子把道傳，
差了鴻鈞去開山，
洪水滾滾滿山川，
鴻鈞崑崙自修練，
三花仙斧劈開山。

鴻鈞老祖降世起，
出洞不見天和地，

乾坤暗暗混二氣。
老祖抬頭把眼睜，
清濁二氣不分明，
轉身回到古洞門，
忙差徒弟下山林，
蓬萊山上開天門。
鴻鈞、洪浩二老祖，
出洞不見天地勢，
慘慘乾坤將何治？
二仙上山同遊玩，
遇著亞瑣古祖仙，
來到蓬萊山上看，
蓬萊原是一條船，
原是上古沉香木，
盤古老祖把樹砍，
為救神仙造大船。
洪水滔天船被翻。
淹死神仙無計算。
此船沉在洪水底，
洪水浸泡幾千年，
大船化為沉香木，
後來長成蓬萊山。

一叢樹木朝天長，
青枝綠葉花朵鮮。

花謝又結長生果，
長生果兒如珠圓。
樹長百鳥來啼叫，
樹中又生眾神仙。
樹中又有大洞門，
洞裡又住二神仙。
名叫鴻鈞和洪浩，
又是亞瑣一老母，
觀看洪水幾時退，
又有誰個出世間？

三番洪水漸漸平，
自生一根天地藤。
天地相連一脈承。
中間結個大葫蘆，
五龍捧著為何因？

洪水之時生洪儒，
洪儒傳洪梅，
洪梅傳洪浩，
洪浩傳洪末，
洪末傳鴻鈞。
洪末住在石洞內，
洪水未消閉沉沉。
昏睡之中做一夢，

夢見兩個女佳人。
此夢做得真蹊蹺，
蹊蹺夢中有原因。

原來是東邊有個張氏女，
西邊住的李氏女佳人。
忽然夢中懷了孕，
先生男兒後女嬰。
一男一女甚聰明，
一日玩耍到崑崙。
又見洪水撲山頂。
嚇得連忙逃性命，
只見葫蘆口張開，
接住童男童女身。
二童進了葫蘆內，
葫蘆合得緊沉沉。
咔嚓一聲斷了蒂，
好比斷了臍帶根。
葫蘆飄在洪水上，
裡有五龍來護身。
鴻鈞老祖在蓬萊，
只見一物起祥雲。
他把葫蘆撈上岸，
五龍逃去不見形。

混沌之時還未分，
有一金龜出了生。
金龜本是天龜化，
有意點化傳後人。
洪水三番起波濤，
遇著鴻鈞把水平。
來到蓬萊洪慶洞，
洪慶洞中稱鴻鈞。
鴻鈞收它為弟子，
當著坐騎水上行。

金龜說與鴻鈞聽：
「洪水之後想安頓，
九大名山都復現，
九大部州荒無人。
洪水過後神仙少，
許多神仙化沙塵。
有的神仙變禽獸，
有的神仙要成人。」

鴻鈞答曰說得是。
要找男女配婚姻。
要找陰陽來相合，
要找有血有肉人。
眼前人類還未出，

不知要到何處尋？

金龜答曰有啊有，
五龍捧著葫蘆行，
飄飄蕩蕩八千載，
內裝一對男女身。
來到東海蓬萊下，
打撈起來問原因。
鴻鈞問道怎知情？
何以見得男女身？
金龜答曰我所見，
老祖聽我說原因。

崑崙山上黑暗母，
她與老祖結成婚，
生下一對雙胎子，
一男一女甚聰明。
方才長到八歲整，
整日玩耍在山林。
看見山中一根籐，
結一葫蘆重千斤。

葫蘆見了童男女，
張口說話叫連聲，
快叫兩人躲進去，

洪水泡天天地傾，
兩人一聽慌忙進。
葫蘆閉口緊又緊。
一聲霹靂來打下，
葫蘆離了天地籐。
兄妹兩個昏沉沉，
隨著洪波亂翻滾。
唱起葫蘆根基深，
葫蘆生長在崑崙。
洪水淹了崑崙山，
葫蘆裡面救蒼生。
蓬萊山上出鴻鈞，
洪慶洞中觀風景，
千里波濤怕煞人，
水翻黑泡為何因？
來到蓬萊山腳下，
眼看汪洋大海清，
只見海中紅水現，
五龍抱著葫蘆行，
撈起葫蘆千斤重，
劈開葫蘆兩半分，
兩股霧氣化祥雲。
鴻鈞老祖忙相問，
來把根古說我聽。
當日海中有五龍，

青黃赤白藍五色形，
捧一葫蘆水上行，
葫蘆藏著兩兄妹，
以後兄妹成了婚。
五龍聽得老祖叫，
棄了葫蘆不見形，
鴻鈞當時來收住，
帶回洞中看分明，
忙將葫蘆來打破，
現出兩個小孩童。
一男一女人兩個，
兄妹二人八歲春。
如何生在葫蘆內？

二人如何海中行？
老祖就把二人問，
叫他二人說原因，
二人上前講根由，
崑崙山中岩石縫，
忽生一根葫蘆藤，
藤子牽有萬丈餘，
無有葉子只有藤，
結了一個大葫蘆，
見了我倆把話明，
叫我鑽進他肚內，

裡面天寬地又平，
馬上洪水要泡天，
藏在裡頭躲難星。

兩人鑽進葫蘆內，
不知過了幾年春。
當時天昏地也暗，
洪水滔滔如雷鳴。
飄飄蕩蕩不計年，
隨著波濤到處行，
虧得老祖來搭救，
兩個孩童忙謝恩。
老祖便把男童叫：
「我今與你取了名，
取名就叫五龍氏，
如今世上無男女，
怎傳後代眾黎民？
我今與你把媒做，
配合二人傳後人。」
童女這時把話應：
「哥哥與我同娘養，
哪有兄妹結成婚？」

老祖這時來勸說：
「只因洪水泡天後，

世上哪有女子身？
世上雖有人無數，
卻非父母賦人形。
也有金石為身體，
也有樹木成人形，
也有水蟲成人像，
也有鳥獸成人形。
只有你們人兩個，
一男一女正結姻。
你們都有肉身體，
有血有肉是真人。
勸你們二人成婚配，
生男育女傳後人。」

童女一聽忙言語，
「請聽我來說原因，
若要兄妹成婚配，
要你的金龜把話應。」
「叫聲童女你是聽，
混沌初開有男子，
世上哪有女子身？
一來不絕洪水後，
二來不絕世上人。」
童女一聽怒生嗔，
石頭拿在手心中，

將石就把金龜打，
裂成八塊命歸陰。

童男來把金龜合，
八塊合攏用尿淋，
金龜頓時又活了，
開口又把話來明：
「叫聲童女你且聽，
生也勸你成婚配，
死也勸你為婚姻。」
童女這時心思量，
難得逃躲這婚姻。
二童無奈才答應，
又怕反悔事不成。

鴻鈞來把二人引，
人皇正想置人倫，
此是人苗來出世，
才有世上眾百姓。
二人見了人皇面，
人皇一見喜十分。
來叫二人成婚配，
以後產下後代根。

一日二人悶沉沉，

要到山上散精神。
夫婦二人觀山景，
此名華胥山之名。
華胥山中有一洞，
太昊聖母在洞門。

見得一男一女多美貌，
笑在眉頭喜在心。
連忙招來一仙神，
山上引路留腳印。
腳印一尺有二寸，
夫婦二人跟著行。
不知不覺到山頂，
見一虹霓五色新。
打一冷噤動春心，
不知不覺懷了孕。
生下雙胎男與女，
取下伏羲女媧名。

長大兄妹成婚配，
又有五龍來托生。
女媧出世一美女，
身高一丈有餘零。
出世學會觀天象，
又察地理手段能。

為何天塌與地陷？
為何洪水三番成？
為何諸神來相爭？
為何禽獸鬥輸贏？

只因出世心不善，
霸占名山把利爭。
有的貪吃欲不盡，
有的作惡喪性命。
三番洪水分善惡，
惡的死滅善者存。
也是天意來注定，
天地重開置人倫。

九山九海無人住，
需要傳衍子孫孫。
自傳子孫也有限，
需要千千萬萬人。
需要人來創世界，
自思索來自納悶。
思量如何把人造，
起個念頭心中喜，
不如挖泥做泥人。

洪水之後淤泥多，

就著沙灘做泥人。
比著自己一般樣，
泥人泥手泥眼睛，
有牙齒，有嘴唇，
有腿有腳無靈性，
不走不動不開眼，
做去做來做不成。

這時來了泥沽神，
泥沽傳授做泥人。
說起泥沽有根本，
生於上古洪荒時，
長在洪荒養其身。
原為水中一條蟲，
千年修練成了精。
一個女貌鱗甲身，
荷葉老祖一門人。
荷葉為家水上蕩，
漂流四海過光陰。

一日老祖來吩咐，
看守荷葉保安寧，
此是天根並地苗，
通天達地元氣生。
泥沽當時領了命，

急急忙忙下崑崙。
泥沽坐在荷葉上，
逍遙自在快樂神。
隨著波濤千層波，
困了睡在荷葉心。
忽然一陣黑風起，
嚇得泥沽戰兢兢。
泥沽這時好傷心，
不覺兩眼淚淋淋。
淚水滴在荷葉上，
化為甘露亮晶晶。
等待風平與浪靜，
一股清香撲鼻根。

只見一朵荷花開，
霎時花謝結蓮蓬。
蓮蓬結了七顆籽，
順手摘來口裡吞，
陡然精神長十分。
蹦蹦跳跳上崑崙，
來見荷葉老祖等，
稟知老祖說原因，
老祖一聽笑盈盈，
吃了蓮子長精神，
得了靈氣有福分。

今日有話說你聽，
也是造化緣分定。
當日有個浪蕩子，
也是混元眼淚成，
那時荷葉才出世，
一棵荷葉才長成，
水中一枝並蒂蓮，
藕根紮下萬丈深。
吸收靈氣於一身，
後變荷葉老祖身。
藏於藕內過光陰，
一時洪水滔天起。
隨著波濤如浮萍。
後在水裡紮下根，
一日飄到大海內。
正好風平與浪靜。
吸取天精與天靈，
內有七孔通泉壞，
上有妙筆知天文，
此是天地一靈根。
才生幾顆露水珠，
結聚天精與地靈。
浪蕩把葉來吃淨，
喝了露珠水不存。

浪蕩吃了長精神，
貪吃貪喝把天吞，
想吃日月變天狗，
要與盤古鬥輸贏。
盤古舉起開天斧，
殺了浪蕩血水淋。
如今吃了蓮蓬子，
神通廣大本事能。
你今離我到一處，
自開洞府在門庭。
到了時候自有用，
多作善事少逞能。

再說女媧做泥人，
用心用意做不成。
來了泥沽一神女，
女媧一見稱師尊，
女媧作為人始祖，
要隨泥沽下山林。
要找黃土做泥人，
話說泥沽手段能，
五方五地來找尋。

青黃赤白黑五土，
金銀鋼鐵錫之金，

此土也是非凡土，
洪水之後泥沙沉。
泥土原是神仙骨，
波濤之中化泥塵。

泥沽采土走忙忙，
采到泥土上崑崙。
架起烈火燒丹鼎，
黃泥為丹爐中燒，
七天七夜才燒成。
七顆泥丹來煉就，
色分七彩放光明。
小小泥丹神力大，
一顆能化一山嶺，
放在海裡水淤平。

詩曰：
九燒九轉天地精，
先天一點化泥塵。
無極太極浮塵聚，
輕者上浮為雲霧，
濁者下凝泥土塵。

真精化氣氣化神，
精氣化神入丹鼎。

具一氣胎丹之始，
肇萬殊生化之根，
九華玉液丹九轉，
七寶黃丹七返生，
把丹拋在九霄雲，
一時落地不見形，
化為黃泥到如今。
結丹化土養生靈，
才有黃土養黎民。

女媧取了黃泥土，
要接黃土做泥人，
做泥人來要血水，
沒有血水無靈根。
女媧造人費辛勤，
內臟七竅都成形，
教他們說話知人性。
眼看都要成活人。
此時洪水又氾濫，
淹天淹地又淹人，
要將泥人淹乾淨。
這時女媧慌了神。
急忙登上太荒山，
太荒山上有樹林。
盤古開闢過了後，

斧頭還原為金星。
斧把插在太荒頂，
化為沉香樹一根。

女媧砍樹來做船，
要做木船救泥人，
只因樹大砍不倒，
砍下樹枝有幾根。
粗枝拿來做船底，
細枝拿來做船舷。
先裝神，後裝仙，
然後又裝泥巴人。
裝禽獸，裝物品，
一個巨浪打翻船，
許多物品水中沉。
有的為水族，
有的化飛禽。
女媧重新來造人。
誰個知得這個根？
歌場之中是能人。

紅水之後是清水，
清水三番出人倫。
三皇出世定江山，
三番九次五帝生，

才有九州錦乾坤。

女媧要用自己血，
一點一滴做成人，
有血有肉有靈性。
比自己，畫人形，
泥沽賜她筆一根，
此筆也是爐中煉，
煉出陰陽五形金，
一枝神筆才煉成，
遞與女媧畫人形。

先畫眉毛並七孔，
五臟六腑畫完成。
畫上三百六十人骨節，
又畫血脈身上存。
然後又把三清化，
金木水火土畫人形。
五臟六腑畫得清。
九十畫得四肢出，
十一十二畫眼睛，
二十六七從頭畫，
三十二三又提起，
汗毛十萬八千根。
三十八九四十二，

頂頭額角都畫盡，
十指肝肺手連心。

五十一氣停神筆，
猶如天上定盤星。
六十二三又提筆，
湖海江河又費心，
七十二氣從頭畫，
五湖四海才安頓。
七十四氣用筆點，
五穀禾苗盡生根。
左生毫毛二十九，
合共三十單六根。
兩目猶如太陽像，
頭頂四萬頭髮青。
轉身又畫九十氣，
八十一氣畫完成。
看我講得真不真？

歌師傅，老先生，
果然書文記得清，
還有幾句問一聲，
說起三皇到堯舜，
共有八十女皇君，
哪一氏，生禽獸？

哪一氏，修平水旱道路
行？
旱地有車水有舟，
人才能遠行。
哪一氏，出鳳凰，
幾隻鳳凰一路行。
哪一氏，人多人吃獸？
哪一氏，獸多獸吃人？
哪一氏，架雀巢，蔽雨
淋？
哪一氏，百姓專打鳥獸
吞。
哪一氏，鑽木火生，
生冷燥濕得烤蒸。

哪一氏，造字文，
萬物各色都有名。
哪一氏，聽鳥聲，
作樂歌，神聽和平人氣
和，
哪一氏，造出五絃琴，
陰陽調和天下平。
哪一氏，用葫蘆來造笙，
開化愚昧人聰明。
八十餘氏問不盡，

略叫歌師答幾聲。

洪水泡天怎麼起，怎麼
平？
誰又傳下後代根？
歌師問得有學問，
講起三皇到堯舜，
八十餘氏果是真。
講古還要講根痕，
前後才能說得清。

五龍氏，生禽獸，
豺狼虎豹遍地行。
鉅靈氏，開險處。
修平水旱道路平，
造車船，才遠行。
皇覃氏，出鳳凰，
六隻鳳凰一同行，
後分六處傳子孫。
有巢氏，人多人吃獸，
獸多獸吃人，
架雀巢，蔽雨晴，
百姓轉打鳥獸吞。

燧人氏，鑽木來取火，

燒烤食物得烹飪。
史皇氏，有倉頡，
看鳥獸，觀腳印，
觀天象，察人形，
造下文字記事物，
萬物各自都取名。
祝融氏，聽鳥音，
作樂歌，神聽和平人氣
和，
能引天神和地靈。
女媧氏，她用葫蘆造成
笙，
開教化，育子孫，
百姓聽了開智化愚都聰
明。
伏羲氏，山中聽風聲，
風吹木葉美聲音，
就削樹木來製琴，
面圓地平天地形，
五條琴絃相五行，
長有七尺三寸零，
上可通天達地神，
又修人身調氣平。

你問我，說你聽，

不知說得真不真？
削桐木，來造琴，
作樂歌，傳後人。
撞著共工掌乾坤，
女媧娘娘駕祥雲，
殺了共工洪水平。
女媧娘娘她為神。

又把歌師問一聲，
說起共工一段文，
共工怎麼亂乾坤？
他與何人來交戰？
不知誰輸誰是贏？
何人輸了氣不過，
一頭撞的什麼山？
當時倒了什麼柱？
何人一見怒生嗔？
何人又把天來補？
天補滿天誅誰人？
何人一見氣不過？
湧起洪水亂乾坤？

共工本是一帝君，
作惡無道失民心，
祝融一見怒生嗔，

領兵與他來相爭。
提起祝融一段文，
他是天上火德星，
治理洪水有功勳。

當時有臣名共工，
共工出世手段能。
太荒山中一洞府，
五行精氣孕化成，
能逃劫難洪水後，
三番洪水長成人。
養一鰲龍為坐騎，
洪水滔滔任遊行。

祝融吹氣如火焚，
要把鰲龍來燒死，
鰲龍一見心害怕，
化道彩虹逃性命，
鰲龍口中吐黑水，
要把靈山淹乾淨。

一見鰲龍發大水，
眾神齊戰鰲龍精，
不斬鰲龍氣不平，
哪知鰲龍有道行，

眾神與它戰不贏，
共工撞倒不周山，
倒了擎天柱一根，
正是北邊天塌下，
湧起洪水泡天庭。
女媧一見怒生嗔，
祭起斬龍劍一把，
一劍斬了鼇龍精。

說起女媧哪一個，
她是伏羲妹妹身，
洪水泡天結成婚。
當時她把天補滿，
又斬共工這惡臣。
共工一見氣不過，
湧起洪水亂乾坤。
共工遭斬百姓喜，
就尊女媧為上君。

共工撞倒不周山，
上方倒了擎天柱，
下方裂了地與井，
洪水氾濫又混沌。
好個女媧有手段，
忙煉彩石去補天，

女媧學會煉彩石，
要煉彩石補天庭。
煉得彩石把天補，
女媧神力無比倫。
一把彩石手中拿，
口水噴在彩石上，
一把一把補天漏，
又吹冷氣冰固凝。
又撒泥灰在大地，
聚灰止水洪水平。

地勢得牢固，黃土固其身。
斬斷鼇龍四隻腿，
支起四柱立四極，
不周山缺了北邊傾，
又把東北來支撐。
女媧吹冷氣，天上雪紛紛，
北方天寒到如今。

當日又出浪蕩子，
口咬北方一塊天，
盤古追殺浪蕩子，
一直追下崑崙山，

山下有個地眼洞，
浪蕩子躲在洞裡邊。
盤古封了地眼洞，
變一天狗又翻天。
當日浪蕩變天狗，
一隻神狗上了天。
神狗它嫌月光明，
行走現形不方便。
它把日月吞半邊，
女媧來把日月救，
月亮有缺才有圓。

歌師唱歌有學問，
有些事兒未說清。
女媧來把彩石煉，
什麼石頭分五彩？
彩石又在哪裡尋？
煉石用的什麼火？
取火又是哪個人？
為何取火燒自身？
歌師如果答得真，
才是歌場老先生。

歌師問起這段文，
說講起來根古深。

女媧彩石如珍寶，
天河沙石來化成。
本來就是天上物，
洪水之時埋沙塵。
女媧採石不周山，
此山又名滑塘坑，
滑塘坑裡多寶石，
坑中水深不可測，
又叫咸池暘谷名，
日月二神從此升。

咸池之中多珍寶，
女媧取石在此尋。
多虧女媧能變化。
上天入地般般能。
時變鳳鳥上九天，
時變龍蛇入水深。

女媧採石多忙碌，
揀來彩石把天補，
補天補地補乾坤。
洪水之後無火種，
彩石怎麼煉得成？
這時前邊來一女，
見了女媧稱師尊：

「吾是雷澤來長成，
先天金石來化身，
先天雷公化鳥形。
口吐一股霹靂火，
一怒放出巨雷聲，
要與吾身成婚配，
不願與他結婚姻。」

女媧師尊搭救我，
我願為你尋火根。
煉石需要三種火，
太陽，太陰和霹靂，
三昧真火煉寶珍。
吾願取來三昧火，
煉得彩石補天庭。

女媧一聽喜十分，
不知如何取火根？
答曰上天取得太陽火，
又取月亮水晶陰中火，
又取雷公霹靂火。
願為師母獻其身。

女媧點頭笑吟吟，
感念弟子一片心。

此女化為一朵雲，
飄上重霄萬里程。
這時雷公一聲怒，
追趕那女九霄雲，
一串炸雷震上下，
一道閃電化火根。
點燃彩石煉爐火。
彩石溶化升祥雲。

女媧連忙把天補，
補天不是容易成，
哪裡天穿哪裡補，
哪裡缺了哪修整，
彩石片片隨心意。
北邊天地才補成。

彩石補天止天漏，
止住天河往下淋，
天柱折了來接住，
崑崙山高做磉墩。
多虧女媧易變化，
一雙巧手補天庭。
時化大鵬飛上下，
時化巨龍繞崑崙。

詩曰：
紅水之時是紅暗，
紅水之後洪水清，
女媧補天止洪水，
閃電娘娘盜火根。
雷公電母成一體。
風婆雨師緊後跟。

女媧逝後化地母，
后土載物養黎民。
土生萬物也生人，
不忘地母養育恩。

詩曰：
盤古之後她為尊，
兄妹二人配成婚。
統天統地統三光，
包天包地包乾坤。
乾坤艮巽是為天，
坎離震兌為四柱。
女媧之後為地母，
厚德載物賴后土。
陰陽會合真造化，
造化天地產賢能。
雖然不言又不語，

俯察萬物有神靈。
結胎原是卦爻定，
胎漏產出眾黎民。
天皇地皇人皇氏，
燧人有巢與公孫。
東南西北兩部州，
春夏秋冬四季分。
江河湖泊在她懷，
身負江河和山林。

天下五嶽是仙境，
山林樹木花草生。
黎民百姓靠耕種，
五穀六米才長成。
金銀財寶是她生，
蔬菜藥茶雨露生。
及時灑下甘霖水，
地上禾苗五穀生。

地母晝夜不闔眼，
闔眼生靈有災星。
如果地母打個盹，
鰲魚翻身一掃平。

要知地母名和姓，

鴻蒙未到老混沌。
造土造人多辛勤，
勞累而死為地平。
地母歸土乃有靈，
養護萬代之子孫。
水有源來木有根，
世代不忘地母恩。

再把天皇向師尊，
不知記得清不清？
天皇過後幾多歲？
弟兄共有幾多春？
又有何人來出世？
何人出世治乾坤？
你把根由說我聽，
才算歌場高明人。

金鼓一住暫消停，
我把歌師尊一聲，
慢慢聽我講根痕。
你問天皇來世出，
弟兄共有十三人，
天皇出世人民少，
淡淡泊泊過光陰。
又無歲數和年歲，

又無春夏與秋冬。
天皇那時來商議，
商議弟兄十三人，
創立天干定年歲，
又立地支十二名，
那時方才定年歲，
暑往寒來一年春。

神筆三桿相傳授，
聽我從頭說分明：
一支名叫畫天筆，
畫出日月與星辰；
二支名叫畫地筆，
畫出江河與山林。
天皇名字叫天靈，
出世就把干支配，
十二地支造分明。
一年又治十二月，
一生操了許多心，
管了一萬八千春，
又該地皇來出生，
隱入青山不見形。

天皇隱匿不見形，
我把天皇說你聽，

你說地皇行不行？
地皇出於什麼地？
一姓共有幾多人，
地皇怎麼治天下，
什麼方法定乾坤？
地皇過後幾多歲？
又有何人來出生？
你把根由說我聽，
歌場才算你為能。

地辟於丑地皇君，
地皇一姓十一人。
弟兄十一管乾坤，
生於陝西叫龍門。
他的名字叫岳鏗，
出世才把山川定。
他今才把晝夜分，
七十二候才來臨，
二十四氣是他分。
他以太陽把日定，
又以太陰把夜分。
三十日為一月，
十二月為一春，
那時才有年和月，
晝夜才能得分明。

地皇過了一萬八千歲，
隱入青山不見形，
又有人皇來出生。

歌師傅，老先生，
又把人皇問一聲：
仁兄是否記得清？
人皇出生什麼地？
一姓共有幾多人？
幾人幾處治天下？
他在何處教黎民？
人皇怎麼觀天象？
黎民光景如何樣？
幾處太平不太平？
人皇共有幾多春？
你把根源說我聽？
才算歌場人上人。

人生於寅人皇主，
人皇兄弟九個人。
生於形馬山中地，
弟兄九人分區明。
各管一州鎮乾坤，
制綱常，立人倫，
才有三黨共六親。

天皇地皇人皇君，
共管四萬五千八百春。

人皇弟兄為龍海，
又該五龍來出生，
一黃伯，二黃仲，
三黃叔，四黃季，
五黃五龍出世分，
金木水火土中存。
才有宮商角徵羽，
才把五音來分清，
五龍四帝五處分。

又出五丁氏，氣力大得
很，
他教百姓挖一坑，
一個坑兒百丈深，
躲水躲雨好安身。
九州九處都太平，
選才德，作用人，
那時才有君臣分。
駕雲車，觀地象，
東西南北才摸清。
渴有清泉飲，
飢摘樹葉吞，

寒有木葉遮其身。

燧人氏，有道君，
鑽木取火教萬民，
春楊夏柘來取火，
秋杏冬檀取火星。
定婚姻，教嫁娶，
男子三十娶下親，
女子二十嫁出門。
百姓個個喜歡心，
有父有母到如今。
燧人氏，傳後人。
傳下火種養萬民，
萬古流傳到如今。

唱起當日有皇氏，
有皇氏，駕元龍，
走遍九州察民情。
又出中皇氏，
也是有德君，
生於山東魯國曲阜城，
有個大庭氏，
又出了六粟氏，
後代才出孔聖人。
幾個知得這段情？

說得是來道得真，
又把伏羲問一聲，
歌師你可記得清？
伏羲怎樣來出世？
生於何方何地名？
怎樣來把天下治？
怎樣作為定乾坤？
怎樣來把百姓教？
人倫禮儀到如今。

金鼓一住又唱起，
歌師又來問伏羲，
聽我從頭說與你。
他是五帝開首君，
說起太昊他母親，
華胥地方也不遠。
陝西藍田縣地名，
太昊聖母閒遊走，
見一大人腳跡形，
聖母忽然春意動，
天上虹霓繞其身，
聖母忽然身有孕，
成紀地方生聖君。
成紀地方在何處？
甘肅鞏昌岷州城。

伏羲仁君觀天象，
日月星辰山川形，
才畫八卦成六爻，
六十四卦達神明。
教人嫁娶治婚姻，
女兒嫁於男為妻。
五帝首君說分明，
才算歌場一能人。

陰人踏了燧人氣，
懷孕一十四年春，
才生伏羲一個人。
三十歲上坐龍位，
畫出八卦知天文，
唱個地名陝西城，
太昊聖母出山林，
一見神人面前走，
太昊聖母隨後跟。

歌師講得真有趣，
又把伏羲問幾句，
不知仁兄喜不喜？
伏羲出世出龍馬，
不知出生何地名？
龍馬生得什麼樣？

高有幾尺幾寸零？
背上又有何物現？
不知是吉還是凶？
他今又把何物治？
修身理性答神明，
伏羲在位年多少？
又有何人治乾坤？
你把根由說我聽。

歌師又把伏羲問，
伏羲乃是仁德君，
禮儀人倫從他興。
孟河一日祥雲起，
一匹龍馬來出世，
生得滿身有甲鱗，
高有八尺五寸零，
背上又有河圖現，
天降祥瑞吉兆臨。
在位一百一十五年春，
又出共工亂乾坤。

詩曰：
節制後天接先天，
全憑指劃走雲煙，
負圖獻瑞惟龍馬，

呈書寶龜現碧蓮。
六十四卦分造化，
剝極而復判天人。
天有三百六十度，
循環往復運期神，
孤陰不生陽難長，
老陰變陽陽變陰。
風雲雷電不相射，
水火南北不相侵，
萬物陶熔如爐鼎，
按照五行定律音。

又將神農問先生。
神農出在什麼地？
又是怎樣教百姓？
神農山中嚐百草，
七十二毒神怎麼行？
哪個山中尋五穀？
幾種才有稻麥生？
又有何人無道理？
要反神農有道君，
又有什麼人不可？
哪個大怒殺何人？
百姓一見心惱恨，
聚集人馬誅反臣。

何人力寡不敵眾？
百姓殺死命歸陰。
神農仁君多有道，
何方歸天有道君？
神農在位多少年？
崩於何方什地名？
歌師一一說我聽，
我好斟酒待先生。

歌師問得真有趣，
聽我一一說與你，
神農治世從此起。
神農皇帝本姓姜，
指水為姓氏日後為穀皇，
又有神農來出世，
歌師傳來老先生，
七言四句念你聽。

詩曰：
聖人誕生自天工，
首出稱帝草昧中，
製作文明開千古，
補天溶日互蒼穹。

南方丙丁火德王，

又號炎帝為皇上。
提起神農有根痕，
他是少典親所生。
母親嶠氏女賢能，
安登夫人是她名，
配合少典結為婚，
生下兩個小嬌生。
長子石蓮次神農，
烈山上面長成人。

唱起神農來出世，
生下三天能說話，
五天之中能走行，
七天牙齒俱長齊，
便問父母名和姓。
神農出世生得醜，
頭上長角牛首形。

父母一見心不喜，
把他丟在深山裡。
山中遇著一白虎，
銜著神農回家門。
父母把他丟水中，
一條黃龍來托起，
救了神農一性命。

父母丟他火中燒，
有一神獸下山林，
遍體透亮像水晶，
撲在火中救神農，
噴出清水滅火星。

神農出世多災難，
磨難之中長成人，
做了南方一帝君，
當了帝君愛黎民，
可惜天下不太平。
他今教民耕稼事，
女子採桑蠶吐絲。
當時天下瘟疫廣，
村村戶戶死無人，
神農治病嚐百草，
勞心費力進山林。

神農嘗草遇毒藥，
腹中疼痛不安寧，
疾速嘗服解毒藥，
識破七十二毒神。
要害神農有道君，
神農判出眾姓名，
三十六毒逃了生，

七十二變還陽草，
神農采回救黎民。
毒神逃進深山林，
至今良藥平地廣，
毒藥平地果然稀。

神農在位百年春，
世間百姓多生病。
出了七十二瘟神，
各種瘟病多流行，
黎民百姓遭災星。
神農一見心不安，
決心去到大深山，
親自嘗藥救難民。

一日來到姜水口，
姜水口上遇怪獸。
身長一丈生雙角，
兩個耳朵像尖刀，
尾巴足有三尺五。
眼如銅鈴生四足，
見了神農不讓路，
要與神農爭勝負。
神農與他把力鬥，
七天七夜分贏輸，

方才收服這怪獸。

神農斬下藤一股，
將它拴在大山口，
來了后稷見神農，
神農交於后稷手。
命它犁田種五穀，
此藤取名叫青藤，
怪獸取名為青牛。

神農又往山中走，
一心只奔老林口。
來到深山大老林，
一座巨岩面前橫。
神農抬頭來觀看。
哪有道路上山林？

如若不把山來上，
天下百姓無救星。
當時看見藤一根，
岩上長到岩下面，
藤長總有千丈零。
神農抓著這根藤，
順著藤子往上行。
不覺來到岩頭上，

渾身累得汗淋淋。
神農當時喜歡心，
便把此藤取了名。
取的名字叫「紅藤」。

神農又往前邊走，
肚中飢餓難得行，
耳聽烏鴉頭上叫，
神農本來知鳥音。
烏鴉叫的神農君，
你今飢渴不要緊。
快快來把大樹上，
樹上果子多得很。
神農抬頭仔細看。
樹上牽著一根藤。
藤上結的黑色果，
一串一串好愛人。

神農忙把大樹上，
摘了一串一口吞。
甘甜可口真好吃，
能解飢餓長精神。
神農當時心中喜，
連忙給它取了名。
果子名叫烏鴉子，

藤子就叫「烏鴉藤」。

解了飢餓往前走，
一心要進大山林。
神農當時不小心，
足下絆住藤一根。
神農一跤摔在地，
渾身疼痛實難忍。
神農心中暗惱怒，
張口封它叫「葛藤」。
受盡千刀與萬剮，
火燒棒槌織草繩。
百姓穿起走世界，
叫它永世不翻身。

神農爬起往前行，
過了幾山又幾嶺。
忽然吹來風一陣，
風過走出一畜生。
遍身無毛身發亮，
張口要吃神農君。
神農與獸兩相戰，
怪獸不明對頭人。
趴在神農他面前，
搖頭擺尾不做聲，

神農將他收服了，
神農如得貴寶珍，
透明獅子號聖獸，
直到如今醫尊敬。

神農收了藥獅子，
命他嘗藥吃草根。
相伴神農在山林，
嘗盡百草品藥性。
一日神農找藥草，
一座大山高入雲。
只見岩上長青草，
一年四季葉子青。
又見岩頭生紫氣，
萬道紅光耀眼睛，
神農要把岩來上，
品嚐此藥才甘心，
當時取出撥雲劍。
砍樹架梯忙不贏，
大樹只有幾丈高，
怎能爬上高山頂？
神農便把主意打，
要想辦法上山行。
忽然一藤腳下絆，
神農仔細看分明。

只見地下藤一根，
須長牽出千丈零，
神農一見心歡喜，
斬斷此藤忙不贏。
便用此藤來捆樹，
扎一雲梯千丈零。

神農嚐百草，
瘟疫得夷平。
又往七十二名山，
去把五穀來找尋。
神農上了羊頭山，
仔細找，仔細看，
找到粟子有一粒，
寄到棗樹上。
忙去開荒田，
八種才能成粟穀，
後人才有小米飯。

大梁山中尋稻子，
稻子藏在草中間，
神農寄在柳樹中，
忙去開水田，
田裡下稻種，
七種才有稻穀收，

後人才有白米飯。

朱石山，尋小豆，
一顆寄在李樹中，
一種成小豆，
小豆出荒田。
大豆出在維石山，
神農尋來好艱難，
一顆寄在桃樹中，
五種成大豆，
大豆出平川。

大、小麥在朱石山，
尋得二粒心喜歡，
寄在桃樹中，
耕種十二次，
後人才有麵食餐。
武石山，尋芝麻，
寄在荊樹中，
一種收芝麻，
後來炒菜有油添。

神農初種五穀生，
皆因六樹來相伴。
神農教人興貿易，

物物相換得便宜，
斬木作犁來耕地，
才有農事往後繼。

又有夙沙太欺心，
要反神農有道君，
大臣箕文勸不可，
夙沙大怒殺箕文。
百姓群集心大怒，
要殺夙沙這反臣。
夙沙孤寡不敵眾，
被百姓殺死命歸陰。
神農座位位於陳，
就是河南陳州城，
在位一百四十春，
崩於長沙茶陵城。

自從神農把駕崩，
又有何人治乾坤？
請你一一說分明。
自從神農皇帝崩，
又有何人治乾坤？
天下有道是無道？
又有何人來興兵？
哪個與他戰不過？

悄悄遷都讓反臣。
又有何人來出世？
他與反臣大交兵。
你今一一說我聽，
才算歌中一能人。

歌師你且慢消停，
我今本要說你聽，
又怕你去傳別人。
自從神農皇帝崩，
又有愉罔治乾坤，
只有愉罔多無道，
反臣蚩尤大興兵，
愉罔懼怕蚩尤凶，
悄悄遷都讓反臣，
又有軒轅來出世，
他與蚩尤大交兵。

不提軒轅不問你，
提起軒轅問到底，
軒轅他住何方地？
母親怎樣有身孕？
幾多月份來降生？
軒轅生於何方地？
龍顏聖德如何論？

他與蚩尤大交兵，
不知誰輸是誰贏？
軒轅怎麼得吉兆？
要得強力兩個人。
怎麼訪得二人到？
不知才幹如何能？
不知設下什麼法？
要捉蚩尤這反臣。
不知擒到未擒到？
軒轅怎麼為仁君？

你今說與眾人聽，
才算歌中老先生。

歌師要我講分明，
說起軒轅有根痕，
要你洗耳來恭聽。
軒轅原是有熊君，
如今河南有定城，
寶附名字是他母，
一日出外荒郊行，
見一電光繞北斗，
不覺有孕在其身，
二十四月懷胎滿，
生於開封新鄭城。

景裡慶云明王德，
四面龍顏天生成。

蚩尤作亂真膽大，
銅頭鐵額興人馬，
要與軒轅爭高下。
上陣就是煙霧起，
層層瘴氣遮天地，
白日猶如黑夜裡。
黃帝兵敗亂如泥，
初立戰法用熊羆，
九天玄女立戰旗，
九天玄女軒轅母，
造下天書才用武，
千變萬化八陣圖，
刀槍劍戟戈矛斧，
長有弓，短有弩，
收兵鑼，催兵鼓，
雲裡龍，林中虎，
一聲號角排隊伍，
大破蚩由於涿鹿，
才把軒轅立為主，
正安中央戊己土。

風後力牧各顯能，

擺下八卦握機陣，
煙霧不得迷大軍。
蚩尤困在陣中心，
東撞西衝難脫身，
涿鹿之野喪殘生。
蚩尤爭位害黎民，
蚩尤兄弟人九個，
困住軒轅難脫身，
軒轅當時慌張了，
即往大澤去搬兵，
風後力牧為大將，
擺下握機八卦陣，
打敗蚩尤這賊兵，
蚩尤血飛三千里。
至今紅土現血痕。
斬了蚩尤天下喜，
小國個個皆畏懼，
並尊軒轅為皇帝。

殺了蚩尤為三節，
三節分屍都有名。
殺了頭來為一節，
紅口朱雀百利心。
殺了腰來為二節，
腰身化為羅盤形。

殺了三節是他尾，
飛來火星是他身。
魂魄歸天化為風，
屍體化為泥巴存。

軒轅黃帝坐天下，
河洛之中出龍馬，
只因地理無邊涯，
山川草木萬物華。
軒轅本是仁德君，
無數作為定乾坤，
又命大橈造甲子；
又命隸首作算術；
又命伶倫作律呂；
又命車區製衣襟。
軒轅見民多疫症，
又與岐伯作醫經。
軒轅將崩有龍迎，
他就騎龍上天庭，
在位卻有一百載，
少昊接位管乾坤。

不提少昊我不問，
提起少昊問先生，
人不知來爾不慍。

少昊他是哪家子？
哪個母親把他生？
少昊登基坐天下，
不知吉凶如何論？
那時民間出什麼？
百姓安寧不安寧？
少昊崩駕幾歲多？
葬在何方什地名？
什麼地方來安葬？
又是何人把位登？
歌師傅來老先生。
請你從頭說分明。

軒轅二字書上找。
制婚姻，製衣裳。
嫘祖養蠶有綢緞，
公孫軒轅為皇帝，
制下婚姻立綱紀，
百姓開智才化愚。

詩曰：
吾初開國號軒轅，
繼天立極居人先，
君臣父子吾首定，
兄弟夫婦將道傳。

嫘祖又名西陵氏，
衣冠已始養蠶絲，
播種有食用鑽火，
不比混沌無人煙。
不意隱世魔王降，
蚩尤倏而生世前，
吞雲吐霧來作亂，
吾等造下指南車，
大破蚩尤得安然。

少昊本是軒轅子，
黃帝原配嫘祖生，
少昊登位坐天下，
正是身裏鬼弄人，
民間白日出鬼怪，
龍頭金睛怪迷人，
東家也把鬼來講，
西家也把怪來論，
王母娘娘降凡塵，
教化民間收妖精。
這是少昊福分淺，
他母懷胎有來因，
夜夢天庭眾將星，
大星如虹照渾身，
生下少昊曲阜城。

國號金天氏，
掌了錦乾坤，
封了金德王，
江山四十四年春。
少昊駕崩八十四，
葬在兗州曲阜城，
又出顓頊把位登。

歌師果然講得清，
又問顓頊他出身，
你可知道說我聽。
顓頊怎麼治天下？
百姓清平不清平？
東村人家出麼鬼？
怎麼治鬼得安寧？
西村人家出麼鬼？
何人收服鬼妖精？
顓頊在位多少歲？
葬於何方甚地名？
顓頊高陽崩了駕，
又是何人把位登？

提起顓頊也有名，
也是軒轅後代根，
他是昌意所親生，

母親昌意女佳人，
夜得奇夢祥瑞生，
不覺腹中有了孕，
生下顓頊一帝君。
孫接祖業把位登，
國號高陽氏，
封為水德君，
七十八年把位登，
葬於濮陽一座城，
原名東昌大府城，
後出帝嚳把位登。

歌師聽我講與你，
把你當作我徒弟，
今天一一傳給你。
顓頊高陽把位登，
多少鬼怪亂乾坤，
顓頊人君多善念，
齋戒沐浴祭上神，
東村有個小兒鬼，
每日家家要乳吞，
東村人人用棍打，
打得骨碎丟江心，
次日黑夜又來了，
東村人人著一驚，

將他緊緊來捆綁，
綁塊大石丟江心，
次日黑夜又來了，
東村擾亂不太平。
將一大樹挖空了，
放在空樹裡面存。
上面用牛皮來蓋緊，
銅釘釘得緊騰騰。
又將酒飯來祭奠，
這時小鬼才安寧。

小鬼有了酒飯吃，
再也不來鬧東村。
西村又出一女鬼，
披頭散髮迷倒人，
西村也挖大空樹，
女鬼空樹躲其身。
忽見一人騎甲馬，
身穿黃衣腰帶弓，
一步要走二十丈，
走路如同在騰雲。
就把西村人來問，
可見披髮女鬼精？
西村人說不知道，
黃衣之人哼一聲，

你們不必來瞞我，
她乃是個女妖精。
她有同夥無其數，
八十餘萬鬧西村，
顓頊仁君多善念，
又奉王母旨意行，
捉拿女妖歸天界，
西村才得樂太平。
西村聽說忙回稟：
空樹之中躲其身，
黃衣之人忙起身，
空樹之中捉妖精。
一見女鬼騰雲起，
黃衣人趕到半天雲，
忽然不到一時辰，
鮮血如雨落埃塵。
從此挖樹做大鼓，
穿著黃衣袪鬼神。

這裡順便說一句，
顓頊之時有天梯，
神仙能從天梯下，
人能順梯上天庭，
人神雜亂鬼出世，
鬧得天下不太平。

顓頊砍斷上天梯，
從此天下得安寧。

顓頊在位七十八，
崩於濮陽東昌城，
顓頊高陽崩了駕，
帝嚳高辛把位登。
講起帝嚳一段文，
他是軒轅四代孫，
父傳子，子傳孫。
提起帝嚳有根痕，
娶妻四個女佳人，
長妻原是邰氏女，
名喚姜嫄女佳人，
生下后稷一條根。
次妻陳鋒女鈙裙，
名喚慶都小嬌生，
夜夢赤龍渾身照，
懷胎二十四月零，
生下堯王在丹陵。
三妻娥氏名簡荻，
吞了燕卵祥瑞生，
生下子契一郎君。
四妃諏訾名常儀，
生下姐摯一條根。

帝嚳國號高辛氏，
他是喬極親所生。

歌師講得很分明，
又把高辛問先生，
高辛建都什麼地？
今是什麼縣地名？
帝嚳高辛治天下，
又有何人做反臣？
高辛要殺反臣子，
何人提頭見高辛？
帝嚳娶得榮氏女？
其女叫做什麼名？
可恨房王作反臣，
有人斬得房王頭，
賜他黃金與美人。

高辛有個五色犬，
常跟高辛不離身，
忽然去見房王面，
房王一見喜歡心，
高辛王犬歸順我，
我的江山坐得成。
當時急忙擺筵宴，
賜予王犬好食品。

五色犬見房王睡，
咬下他首級見高辛。
高辛一見心歡喜，
重賜肉包與它吞，
王犬一見伴不寐，
臥睡一日不起身。
莫非我犬要封贈？
會稽王侯來封你，
又賜美女一個人。

又有何樣好吉兆？
身懷有孕幾月零？
此處叫做什麼地？
哪時生下有何人？
高辛又娶某時女？
此女叫做什麼名？
不覺身懷也有孕，
哪時生下什麼人？
高辛在位年多少？
又尊何人為天子？
是否是個有道君？
你今一一說我聽，
才算有知有識人。

仁兄問得好出奇，

這些故事來問起，
聽我一一說根底。
高辛建都名字在，
如今河南偃師城，
高辛仁君治天下，
王犬忙把恩來謝，
領了美女只交情，
後生五男並六女，
人身犬面尾後形，
後來子孫都繁盛，
就是犬戎國的根。

高辛娶得陳年女，
名曰慶都是她身，
慶都年近二十歲，
一日黃云來附身，
身懷有孕十四月，
丹陵之下生堯君，
高辛又娶諏訾女，
名曰常儀是她身，
諏訾常儀生一子，
子摯乃是他的名，
元妃姜嫄生稷子，
次妃簡狄生契身，
高辛在位七十載，

頓丘山上葬其身。

至今大明清平縣，
還有遺址看得清。
子摯接位無道君，
九年卻被奸臣廢，
就立堯帝為仁君，
堯帝為君多有道，
我把根由說你聽。

不提堯帝問根底，
不知根底怎樣起？
堯帝是個仁德君，
聖澤滔天民感恩。
無奈氣數有變改，
又出幾樣什怪名？
又把民間百姓害，
害得百姓不安寧，
堯帝又令何人治？
不知那人能不能？
何人與他來交戰？
怎麼收服得太平？
堯帝在位多少載？
帝子幾人賢不賢？
帝要交位何人坐？

何人躲於什麼山？
何人退病不得閒？

當時群臣來商議，
子摯接位管乾坤。
子摯坐了帝嚳位，
江山九年一旦廢，
又薦何人治乾坤？
你今從頭說分明，
歌場之中你為尊。

你將堯帝來問我，
我將堯帝對你說，
叫聲歌師你聽著：
堯帝本是聖明君，
天降災難於黎民。
他是帝嚳次子身，
母親陳鋒親所生，
生下堯帝丹陵城，
國號陶唐氏，
姓尹名祁是他名，
封為火德王，
坐了錦乾坤。
甲辰年間登了位，
癸未之年把駕崩，

十日並出有難星。
禾苗曬得枯焦死，
百姓地穴躲其身。
忽然又是狂風起，
民間屋宇倒乾淨，
又有大獸大蛇大豬三個
怪，
他們到處亂吃人，
堯帝一見后羿到，
忙命后羿拯黎民。

歌師提起神羿等，
我今從頭說原因。
神羿生在后羿國，
有窮之地來降生。
母懷一十九月來，
降生之日會說話，
一十二月會飛騰，
要追日月和星斗，
一步能跨百里程。
身高力大無比能。
扶桑大樹做彎弓，
撐天竹子做雕翎。
弓開半邊月，
箭飛如流星。

弓箭原是他發明，
彎弓射日斬妖星。

后羿當時尋風伯，
他與風伯大戰爭，
風伯被他射慌了，
急忙收風得太平。
十個日頭真可恨，
羿又取箭手中舉，
一箭射去一日落，
九箭九日落地坪，
原是烏鴉三足鳥，
九箭九日不見形。
還有一日羿又射，
空中響如洪鐘聲。

此時日光真神來說話：
「有勞大羿除妖精，
當年混沌黑暗我出世，
就有許多妖魔與我爭，
九個日妖今除盡，
從此民安樂太平。」

后羿當時來跪拜，
拜謝日光太陽君。

九個日妖都射除，
堯帝賞了大功臣。
大海之中生海蛟，
海蛟攪得洪水生。
有一神人把蛟斬，
海蛟化為樹一根。
不長葉子高萬丈，
花開九個大花苞。
有朝一日花開了，
內有人蜂九處飛。
只有此蜂大得很，
尾帶利箭放毒水，
毒箭蜇人人命傾。
后羿神箭把蜂射，
從此天下才天平。

說起后羿有根古，
后羿出世奇得很。
當日有個通天洞，
石洞寬如大龍宮。
有一流水嘩嘩響，
洞口有石自開門。
有一蟾蜍生洞內，
已在洞中千年整。
一日蟾蜍身有孕，

生一石蛋能自滾。
一日滾滾吹洞門，
一隻神鷹從此過，
誤認自己把蛋生。

口含仙草做下窩，
神鷹坐在窩當中。
有朝一日石蛋破，
產出一子像人形。
一對翅膀背上長，
展翅一飛萬里程。
后羿之名天皇取，
天皇封他為將領。
天皇殿上一美女，
美女她叫「嫦娥」名，
原是天皇一使女，
天皇與他做媒證。

后羿，嫦娥結成婚，
不意嫦娥有身孕，
嫦娥又叫常儀名。
一日打開天門看，
后羿一見吃一驚——
大地生煙如火烤，
無數生靈命歸陰，

天上地下無滴水，
日後江沽把水生。
這時后羿心煩惱，
拉開天弓不留情，
一箭一日掉下地，
九箭九日命歸陰，
神鷹得知遮天來，
護住一日活性命。

此時后羿來找水，
通天洞中來找尋，
找到蟾蜍來言語，
蟾蜍肚裡有水存，
吐出清水水又生。
日後叫它到月宮，
夜夜灑露到凡塵。

堯帝在位七十二，
帝子丹朱不肖名，
堯帝要讓位許由坐，
許由躲於箕山陰，
又叫子交接父位，
他又道病在其身。
當時群臣來商議，
才薦大舜治乾坤。

不提舜帝猶是可，
提起舜帝治山河，
你把根源對我說。
他父名字叫什麼？
他母又叫什麼名？
怎麼又以姚為姓？
他是何人幾代孫？
像是他的親兄弟？
怎麼處處害大舜？

這個根痕你不明，
我今一一說你聽：
舜帝父親名瞽叟，
握登乃是他母親，
握登生舜姚虛地，
故此以姚為姓名，
皇帝是他八代祖，
他是軒轅後代根。
他的親母早年死，
繼母才生象弟身，
繼母要把舜害死，
唆使瞽叟變了心，
父親和弟心一樣，
設計要害舜一人。

舜帝犁耕什麼山？
市場打魚何地名？
他又牧羊什麼山？
又陶瓦器何地名？
那時堯帝詔書到，
不知所為何事情？
不知舜帝怎回答？
堯帝賜他什麼人？
又將何物付與他？
他的父親怎麼行？
如何又要將他害？
怎麼設計怎麼行？
不知害死未害死？
可有救星無救星？
後又舜繼堯帝位？
四海誠服稱仁君。

歌師聽我說分明，
舜帝當日是明君，
我今一一說你聽：
提起舜王根基深，
史記上面說得清，
他是軒轅八代孫。
軒轅長子名昌意，
玄囂少昊次子名。

昌意後來生顓頊，
顓頊生窮蟬，
窮蟬生敬康，
敬康生句望，
句望生嶠牛，
嶠牛生兆牛，
兆牛生兆生，
瞽叟出世治人倫，
娶妻握登女釵裙，
生下大舜仁義君，
耕於厲山過光陰，
堯王訪賢讓大舜，
就將二女配為婚，
二女娥皇與女英，
乃是姑母配玄孫，
哪個知道這根痕？
大舜勤耕於厲山，
雷澤地方做漁人，
草場牧羊燕河地，
又陶瓦器在河濱。

當時堯帝見詔到，
舜帝即忙見堯君，
堯君就問天下事，
對答如流勝於君，

堯帝一聽心大喜，
二女與他作妻身，
大者名曰娥皇女，
二者名喚是女英。
舜帝回家見父母，
繼母越發嫉妒心。
象弟當時生一計，
悄悄說與瞽叟聽，
父親叫舜上倉廩，
象弟放火黑良心。
大舜看見一斗笠，
拿起當翅飛出廩，
大舜毫髮未損傷，
象弟一計未使成，
又獻一計與父親，
叫他古井去淘水，
上用石頭丟井中。

說起他家那古井，
卻是狐精一後門，
九尾狐狸早知道，
象弟今要害大舜，
吩咐小狐忙伺候，
接住大舜出前門，
九尾狐狸來指路，

指條大路往前行。
大舜走至臥房內，
彈琴撫弦散散心。

舜帝長到二十春，
他到厲山把田耕，
後母送飯下毒藥，
十拿九穩命歸陰。
這時舜帝要用飯，
一隻黃狗來走近，
兩爪不住來抓撓，
黃狗抓得毒飯潑，
兩眼汪汪流下淚。
伸出舌頭把飯吞。
舜帝一見心不忍，
讓它一氣來吃盡，
七竅流血命歸陰。
瞽叟見舜害不死，
舜子果然有帝分，
害他念頭從此止，
堯帝讓位於大舜。
當時黃龍負河圖，
未常國獻千年龜，
朝中一日有祥瑞，
八元八愷事舜君。

堯帝在位九十年，
龍歸大海升了天，
陽壽一百單八春，
舜帝見堯辭凡塵，
避於河南三年春，
天下百姓感恩深，
趨從如市謳歌聲，
天下諸侯來朝拜，
不讓丹朱而讓舜，
一統山河樂太平。

舜為天子號有虞，
不記象仇封有神，
心不格奸真仁義。
舜流共工於幽州，
放歡兜，於崇山，
殺三苗，於三危，
殛鯀於羽山，
後來才生禹。
舜因巡獵崩蒼梧，
娥皇、女英心中苦，
終日依枕哀哀哭，
淚水漲滿洞庭湖：
「我夫在位五十年，
一旦辭世歸了天，

丟下商均子不賢，
我們姊妹無靠山，
怎不叫人淚漣漣。」

舜帝過後誰出生？
又有誰來治乾坤？
又請歌師說分明。

舜帝過後出大禹，
夏侯禹王號文明，
受舜天下管萬民，
國號有夏治乾坤。

夏朝禹王管乾坤，
他是軒轅後代孫，
受舜天下管萬民：
國號夏朝把位登，
他是殛鯀所親生，
母親華氏老夫人。
在位二十七年整，
大禹有功為天子。
三過其門而不入，
疏通九河定九州，
九州有名在後頭，
再把九州名目數：

東有冀州和青州，
南有揚州共荊州，
西有兗州與梁州，
北有徐州抵雍州，
中間河南有豫州，
又鑄九鼎定九州。
從此平安四海灘，
洪波汪汪向東流，
低有湖，高有丘，
造城池，作監囚，
教民稼穡五穀收。

說起大禹他出生，
看我說得真不真？
他的父親名叫鯀，
以土掩水事不成，
天上盜息壤，
上帝發雷霆，
斬於羽山屍不爛，
後生大禹一個人。

歌師說得果是真，
禹王治水多辛勤，
疏九河來鑄九鼎，
從此九州都有名。

三過其門而不入，
決汝漢，疏淮泗，
濟漯處處都疏通，
引得水流歸海中，
十三年來得成功，
天下無水不朝東。

禹王告命塗山上，
塗山氏女化石像。
行至茂州遇大江，
黃龍負州來朝王。
大禹仰面告上天，
黃龍叩首即回還，
渡過黃河到塗山，
天下諸侯都朝見，
黎民都樂太平年，
禹王為君真賢能，
治水疏河定乾坤。
他一飯食其身，
慰勞民間情，
外出見罪人，
下車問原因，
遇事問百姓。
左規矩，右準繩，
不失寸尺待百姓。

禹王在位二十七，
南巡諸侯至會稽，
一旦殂落歸天去，
至今江山留勝蹟。
禹王分下三支脈，
三十六山才有名。
禹疏九河費心情，
定九州，鑄九鼎，
陽壽剛剛三十零，
傳與帝啟掌乾坤。
帝啟生太康，
太康生帝相，
帝相生仲康，
仲康生帝杼，
帝杼生帝槐，
帝槐生帝忙。
帝忙生帝洩，
帝洩生不降，
不降生帝局，
帝局生帝席，
帝席生孔甲，
孔甲生帝皋，
帝皋生帝發，
帝發生覆發，
父傳子，子傳孫，

夏朝共傳十七君，
禹王丁巳年間把位登，
桀王甲午年間敗乾坤，
共有四百八十春，
成湯出來動刀兵，
娶妻扶都女佳人，
白氣貫日照渾身，
懷胎生下太乙君，
國號成湯把位登。

提起成湯出世根，
姓子名履是他名，
他是子契十二代孫。
傳至主癸生成湯，
掃滅夏朝定家邦。
乙未年間坐江山，
在位坐了三十年，
陽壽一百染黃泉，
湯亡伊尹攝朝賢，
扶住外丙把位權。
成湯傳位與外丙，
外丙傳仲壬，
仲壬傳位大甲登。
長子金天名少昊，

顓頊高陽氏，
高譽高辛四代交，
簡狄吞燕卵，
生契成湯苗，
伊祁放勳號唐堯，
長子丹朱又不肖，
廢子立賢古今少……
詩曰：
黑暗混沌無史記，
盤古開天又闢地，
才有日月照九州。
三皇五帝夏商周，
戰國歸秦及漢流，
司馬梁晉隋唐主，
五代宋元大明休。
古今多少興亡事，
留與後人度春秋。
古今多少英雄事，
爭奪江山把名留。
平民百姓講出口，

拿在歌唱講根由。

歌尾：

還陽歌（儀式歌舞）誦詞
日吉時良，天地開張，
日出東方，赫赫洋洋！
黑暗混沌，日月開光。
古往今來，厚土之葬。
掃場，掃場，化為吉昌！
鑼鼓打出十重門，
十重門外迎東方。
還陽童子，接引仙女，作
樂，
騎青馬打青騎，打一把清
傘，
遮天蓋地，奏宮音，撒梅
花，
願主東，家業興，普降禎
祥。

長江文藝出版社 2002 年出版

黑暗傳

吳承清　整理

歌　頭

金鼓一住開歌路，
前人留下萬卷書，
留與後人講根古。
開了鼓頭莫住聲，
或唱古往與來今，
或唱怪魔與亂神，
或唱地理與天文，
或唱日月與星辰，
或唱五嶽與山名，
或唱稀奇並古怪，

或唱舊詞與新文，
或唱黑暗與混沌，
或唱開天關地人，
或唱山清並水秀，
或唱歷代帝王君，
或唱武將與文臣，
或唱地府與天庭，
或唱八仙會仙人，
或唱走獸與飛禽，
或唱禮樂講道經。

人人都來唱幾聲，
一夜玩耍到天明。

歌頭一開我來唱。
傳言上古真玄黃，
伏朝真金無短長。
一番黑暗生混沌，
一番混沌生太荒，
一番太荒生洪水，
三番洪水上天堂。
天地風雲歸水底，
日月星鬥一掃光，
天地那時氣數到，
天崩地裂水汪汪，
洪水濤濤黑茫茫，
後人拿來當古講，
雲天霧地稱高強，
無根無基好荒唐。

歌師講起黑暗根，
這個根古長得很，
留有一段好詩文：
「真金黃帝龍位登，
二十七年雨柱星，
命斃三十零五載，

荒淫無道天地崩。
吹仙道人吹黑氣，
鰲龍妖精起波濤，
你遮天來我淹地，
天地蒼生無處逃。
滿天星斗葬水底，
風雲日月水中埋，
要得天地若依舊，
真元老主髮根來。」
幾句古風把頭開，
引出一部《黑暗》來。

上　篇
天地起源

唯有唱歌膽子大，
火不燒山石不炸，
歌不盤本人不怕。

唯有黑暗根基深，
哪位歌師講的清？
化得混沌有父母？
化得黑暗無母生？
黑暗出世有混沌？
混沌之後黑暗明？

非是愚下無學問，
古上不敢亂彈琴。
來到歌場上前站，
聽見歌師講黑暗，
跟著歌師唱一番。
講起黑暗它根痕，
那時沒有日月星，
那時也無天和地，
到處都是黑沉沉。
當時有個瀏潒祖，
瀏潒生浦湜，
浦湜就是混沌父，
瀏潒就是混沌母，
母子成婚配，
生下一圓物，
包羅萬象在裡頭，
好像雞蛋未孵出。
汗清又出世，
瀏潒變滇汝。
混沌從前十六路，
一路瀏潒生浦湜，
浦湜生滇汝。
二路生江泡，
三路生玄真，
四路生泥沽，

五路生汗水，
六路生湜沸，
七路生湧泉，
八路生泗流，
九路生紅雨，
十路生清氣，
十一生浲沸，
十二生重汗，
十三生浬沤，
十四生泣浬，
十五生洞汰，
十六生江沽，
江沽他才造水土。
油波滇氾消沸大，
口中含水吐金霞，
它比混沌十個大。

波泥軋坤化雷電，
青氣上浮成了天，
赤氣下降為地元。
內有泡羅吐清氣，
生出一個叫元湜，
唯有元湜有一子，
一子取名叫沙泥。

沙泥傳沙滇，
沙滇傳沙沸，
沙沸傳紅雨，
紅雨傳化極，
化極傳苗青，
苗青傳石玉。
誰人知得這根基，
你看稀奇不稀奇？
一道閃電沙泥動，
霹靂交加雷轟轟，
分開混沌黑暗重，
提起黑暗混沌祖，
天地自然有根古，
內有泡羅一圓物，
江沽用他造水土。
土生金，金生水，
水上之浮為天主。
刺鑿其額名江淏，
三爻五爻是乾象，
飛龍化在羽毛壽，
天地幾經磨難出，
哪位歌師知根古？
歌師提起天地根，
三番洪水天地成，
不知講的真不真。

講起黑暗與混沌，
到處都是黑沉沉，
有個老母黑天坐，
乃是石龍變化成，
石龍老母是她號，
神通廣大無比論。
知道天地圓滿了，
洪水要來泡天庭。
將身來到花山上，
見一紅花女仙神，
此女便把石龍問：
「你是哪方來的人，
姓甚名誰講我聽，
來到花山為因？」
石龍開言忙答應：
「你今聽我說分明，
我是上古真仙身，
石龍老母是我名。
如今天地壽圓滿，
你快拜我為師尊，
若是一會天地崩，
護你隨我一路行，
倘若你不隨我去，
怕你難得逃性命。」
講起紅花女仙神，

她是真金傳下人，
來在花山散精神。
她今聽得老母語，
師父連連口內稱。
石龍老母心歡喜，
忙把徒兒叫一聲：
「我今與你取下號，
鐵腳老母是你名。
一會洪水若起了，
你就緊閉二眼睛。
耳中不聞波濤響，
才能抬頭把眼睜。」
鐵腳老母依言語，
雙目閉得緊沉沉。
石龍老母吹口氣，
師徒隨氣不見形。
二人剛上靈山頂，
天翻地覆洪水生。
一番洪水上天庭，
鐵腳老母得仙根，
不生不死好清靜。
石龍又把徒兒叫，
你到崑崙走一程。
鐵腳領了師父命，
辭別師父動了身。

雙目一睜豪光現，
化為聲風上崑崙。
只見洪水滔滔滾，
鐵腳老母戰兢兢。
黑黑暗暗心害怕，
迷迷濛濛往前行，
將身落在崑崙頂，
一遍紅光刺眼睛，
紅光一閃化一人，
龍的腦殼人的身。
巨齒獠牙口外生，
手拿靈珠和拐棍。
見了鐵腳忙下拜，
要拜鐵腳為師尊。
鐵腳老母喜十分，
當時與他取下名，
取名大號叫台真，
師徒二人進崑崙。
她們師徒人兩個，
順著崑崙四下行。
兩個走了一段路，
一座洞府擋路程。
台真一見心歡喜，
走進洞中看仔細，
只聞一陣香風起，

香風過後現人體。
一見台真開言語，
口叫師尊聽端底，
我今與你做徒弟，
要跟師父參玄機。
台真給他把名取，
取名玄天不差一。

各位歌師聽詳細，
玄天出世有根跡，
此處還有詩幾句，
聽我從頭說與你，
不知先生喜不喜？
講起幾句好詩文，
說的玄天出世根，
唱與各位歌師聽。
「洞為弘慶性為玄，
山精修命號玄天，
一身妙法真奇異，
靈丹當卦洞門邊。」
四句詩文對你言，
神仙個個有根源。
玄天又把丹來點，
靈丹藏在洞中間，
丹珠頃刻冒紫煙，

化為上古一神仙，
玄天給他取名字，
取名大號叫真元，
你看講的玄不玄。

真元老主有出身，
一分天地他為尊，
他是太荒上古神。

真元又把珍珠埋，
生出玄黃老祖來。
講到玄黃老祖身，
仙丹化體為靈性，
神通廣大勝師尊。
此處幾句好詩文，
一便講與歌師聽。
上有詩雲兩個字，
下有詩詞授正文：
「真元道法真為怪，
身為天地神聖胎，
天地有生也有死，
一顆仙丹現仙材，
記起士秀十三柱，
悟出玄黃老祖來。」
幾句詩文不差分，

都是才子謅其文，
留與後人散精神，
我看可信不可信。
玄黃出世道法深，
收下一個小門生，
它是水怪化人形，
名字就叫奇苗子，
又有仙號子異人。
奇苗又把仙丹窖，
埋在玉柱洞中心，
要等三番洪水後，
化為寶光現真形。
此事後話我不講。
言歸正傳講正文。
再講玄黃老主身，
坐在洞中好煩悶，
玄黃叫聲奇苗子，
隨我出洞散精神。
玄黃出洞抬頭望，
山下地眼放光明，
青赤二氣團團轉，
結成圓物囫圇形。
忽地一聲騰空起，
落在崑崙山上存。
山上一塊坪坪地，

它在滑塘亂滾滾。
圓物亂滾不打緊，
放出豪光怕煞人，
豪光亂擾真古怪，
玄黃此時看得清，
原是天地要出世，
有詩一首作證明：
天生一物落滑塘，
內藏五鳥接三光，
中藏五山並八卦，
玄黃首發分陰陽。
玄黃此時看得明，
忙叫奇苗徒弟身：
你快去到高山頂，
滑塘落下一寶珍，
溜溜滾滾一圓物，
快快撿來莫消停。
奇苗子領了師命，
辭別師父動了身，
要到山頂撿寶珍。

奇苗子撿寶不論，
再講上古那時辰，
天精地靈結珠孕。
一番洪水濤天起，

洪水之中遭災星，
一番洪水方退了，
他才變化成人形，
自己號稱浪蕩子，
拜在荷葉老祖門。
今日他把崑崙上，
抬頭四下看分明。
看到崑崙高山頂，
黑霧之中現光明，
他也來到滑塘地，
仔仔細細用目評，
看見石頭雞蛋樣，
石頭上面光生生，
他也不知其中情，
將它撿起放手心，
正在那裡將它玩，
來了奇苗子一人。
一見寶珍被人撿，
當時開口問原因：
「你是何方來的人，
為何到此搶寶珍，
師父叫我來取寶，
快快給我是正經。」
浪蕩子聽罷火了，
開口便把來人問：

「明明此寶是我撿，
為何是搶你寶珍，
何況言語少禮性，
想我給你萬不能！」
奇苗子一聽動火，
「我要與你見師尊，
只要見了師尊面，
諒你不敢來發橫！」
浪蕩子一聽氣憤：
「你說大話來壓人，
再說三遍你不敢，
我將此物一口吞！」
奇苗子聽得如講：
「當即開口把話論，
不敢不敢你不敢，
不敢吞我貴寶珍！」
未等奇苗子話完，
氣得浪蕩子冒星，
一口將寶吞下肚，
哪知是把天地吞！

提到浪蕩子吞事，
此處還有詩四句：
「一顆寶珠圓又圓，
困在洪水反周全，

有朝返本復出現，
又吞日月又吞天。」
四句詩句講的明，
多少歌師不曉領，
少扯花草談閒文，
言歸正傳唱古經。

浪蕩子一口把天吞，
奇苗子嚇得膽顫兢，
這個孽障還得了，
吞了我的貴寶珍，
反手拉住不放行，
扯扯拉拉鬧沉沉，
吵吵嚷嚷不分明，
兩人難得分輸贏，
雙雙來把玄黃見，
要請玄黃把理評。
二人見了玄黃祖，
各數各人的理由，
老祖聽罷開了口，
拍案大怒吼一聲：
「浪蕩子如何胡行，
你把天地都吃了，
叫我如何來調停！」
玄黃指著浪蕩子，

大罵畜生不是人，
為何見我不跪稟，
姓甚名誰說我聽。
浪蕩子這裡開道：
「你等聽我說原因，
江沽傳下一老祖，
荷葉就是他的名，
我是他的一弟子，
是他派我取寶珍。
吾神安得給你跪，
惹得老祖不饒人！」
你今若要不屈跪，
好生站著聽我言，
氣正萬化我為先，
煉好萬化出先天，
黑黑暗暗傳大寶，
威威武武出玄黃。
玄黃一遍說完了，
浪蕩子微微笑聲：
「你說你的威力大，
吾神不信半毫分，
看你能把我咋辦，
我卻不怕你逞能！」
玄黃一聽心大怒，
吩咐徒兒奇苗子，

快快將他問斬刑。
忽然一道紅光閃，
半空飛下劍一根，
奇苗子接住古劍，
對著浪蕩子不情：
「快把寶珍還給我，
萬事甘休不理論！」
浪蕩子見勢心怒，
罵聲玄黃老畜生，
「你那寶珍我吞了，
看你把我咋施行！」
玄黃大怒手一指，
古玄寶劍要斬人。
一口寶劍飛風快，
浪蕩子嗚呼命陰。
寶劍斬了浪蕩子，
依然飛上半天雲，
飄飄蕩蕩不落地，
只在老祖頭上巡。
玄黃靈章口中念，
寶劍嗖嗖落在身，
此劍該歸玄黃祖，
來做玄黃一護身。
此劍斬了浪蕩子，
把他屍體五下分。

肚中流出那寶珍，
寶珍化成雞蛋形，
它在地下亂滾滾，
玄黃一劍劈下去，
他把雞蛋兩下分，
此是二氣化紅青，
他是天地產育精，
青的三十三天界，
黃的地獄十八層。
自從玄黃把蛋分，
此時天地才形成。

自從玄黃開天地，
接到前文往下敘，
還有詩文整八句：

「一塊黃石生得妙，
四周紋路玄黃描，
老祖坐在黃石上，
口吐霞光透九霄。
舉手畫亮真奇形，
兩指畫須生光明，
善能卦下天和地，
剪清獠線霧沉沉。」
幾句詩文唱你聽，

不知道的真不真，
還望歌師細談論。

一分天地我不論，
巧女難繡兩面針，
花開兩朵另有因。
講到天地已形成，
陰陽合歡萬物生，
誰知天地劫難到，
黑龍又把水來生。
黑水騰騰四處起，
又把天地淹乾淨。
一番洪水尤似可，
二番洪水更嚇人。
玄黃一見慌了神，
去見黃龍天尊身，
黃龍賜他止水劍，
化天寶珠與他身，
玄黃得了兩件寶，
轉身回到洞府門。
他用寶劍止洪水，
當即洪水不見形，
此時天地又滅了，
忙得玄黃不消停。
吃了化天珠一顆，

化得玄黃變了身，
玄化三十三天界，
黃化地獄十八層。
從此天地黑雲散，
青天朗朗放光明。
自從玄黃化身去，
方才又有天和地。

天地二次又形成，
陰陽交和萬物生，
哪知天地氣數到，
會元已滿差毫分，
五條黑龍把水生，
三番洪水泡天庭。
只見黑浪滔滔起，
上古諸仙難逃身，
原始太荒三太生，
洪水之中喪了身。
玄黃化的天和地，
此時天地又起崩。
只為十二會圓滿，
一片黑暗水才生。
三番洪水不得了，
昏昏沉沉無時辰，
黑黑暗暗無光明，

這番洪水更嚇人。

三番洪水不忙言，
再說太虛諸神仙，
五神六仙定會元。
一元分為十二會，
十二會滿為一元，
若還十二會圓滿，
定是天地生死卷。

要把黑暗唱周全，
按下天地生死卷，
花開兩朵另開言。

再講西彌洞中文，
昊天老母她一人，
老母洞中悶沉沉。
帶著定光出洞門，
睜開眼睛觀理陣。
定光開言把話論：
口叫師父你是聽，
普遍一望皆洪水，
烏雲斗暗怕煞人，
師父有道知理陣，
洪水何日得平？

他倆正在把話講，
忽聞天空如雷鳴，
黃龍天尊開言語：
「叫聲定光你是聽，
太虛宮中多熱鬧，
隨我那裡走一程，
觀看宮中多奇異，
玉虛寶殿放光明。」
定光聽得黃龍講，
跟著黃龍往前行。
一直走進玉虛殿，
上古諸仙把禮行：
你是真金神主定，
號為定光玉虛尊，
專管上古眾仙神，

講到定光玉虛尊，
先天上古修成人，
如今出世西彌洞，
昊天老母傳仙根，
他用精氣育靈性，
悟得玄機知長生。
他今登了玉虛殿，
黃龍天尊把話論：
「可恨黑龍它無道，

洪水成災泡天庭，
三番洪水滅天地，
到處一遍水連成，
如今此處也震動，
怕將玉虛一掃平，
若等洪水再起來，
只怕我等劫難生，
只有收服五龍怪，
那時方能得太平。」
定光聽了黃龍語，
拍案大怒發雷霆。
黃龍天尊接著道，
從頭講與定光聽：
「我主速急發旨令，
去招崑崙兄弟們。
陰雷兄弟人五個，
神通廣大無比倫，
大哥用的開天斧，
上古太荒貴寶珍，
叫它大來萬斤重，
叫它小如繡花針。
二哥神通也無比，
他能口中吐紅雲。
三哥能使千斤錘，
四哥能使錘千斤，

五哥能使斬妖劍，
此劍變化大得很。
只要招來他五個，
定能斬殺黑龍精。」
定光聽罷開口道，
便把黃龍叫一聲：
「勞你崑崙走一程，
去請陰雷弟兄們。」
黃龍天尊忙答應，
辭別定光玉虛尊。
黑水陣陣波濤起，
黑暗之中往前行。
不覺到了崑崙頂，
見了陰雷弟兄們。
黃龍天尊把話論：
「我奉定光玉虛令，
來接你等五金昆，
快快隨我一道去，
定光有事找你們。」
陰雷聽是定光令，
趕快收拾就動身。
前有黃龍把路引，
陰雷五個隨後跟。
來到太虛宮門裡，
玉虛殿中把禮行，

陰雷金昆齊跪下，
拜見定光玉虛尊。
定光殿上開言道：
「陰雷弟兄聽分明，
你們去把黑龍斬，
免得妖精再害人。」
陰雷金昆五個人，
當時領了定光令，
辭別定光就動身，
弟兄五個腳不停。
四面五方黑沉沉，
只見黑雲陣陣起，
烏雲斗暗好嚇人。
他們伸手不見掌，
到底如何來調停。
二哥口吐紅雲火，
照見五條黑龍身，
大哥舉起開天斧，
去劈黑龍古怪精，
三哥揮錘也去打，
四哥舉錘也來迎，
五弟又用斬妖劍，
斬了黑龍古怪精。
黃龍天尊空中叫，
口稱陰雷金昆們：

「斬了黑龍功勞大，
隨我去見玉虛尊，
一起去把定光見，
玉虛殿中受封贈。」
「陰雷聽了黃龍語，
一齊拜見黃龍身。
定光忙把陰雷叫：
「你們五個是功臣，
力斬黑龍功勞大，
封為五雷大將軍。」
陰雷一聽忙謝恩，
定光又把話來論：
「如今三番洪水滅，
只等天地來形成，
黃龍去把西天門。」
黃龍天尊把禮行，
多謝定光封他身。
丟下黃龍不談論，
花開兩朵講別人。
按下一處講一處，
還得慢慢講根古，
一人難唱兩本書。
把話提到崑崙頂，
弘慶洞中講古今，
白妃娘娘洞中坐，

說她根底怪得很，
上古白石來化身。
黑暗算她第六名。
白妃娘娘心納悶，
黑暗之中上崑崙，
來在崑崙高山頂，
崑崙山上三口井，
一口井中出綠水，
二口清來三口渾。
娘娘喝了三口水，
面紅耳赤動春心，
她也不知其中事。
依然回到洞中存。
從此她就身懷孕。
一胎生下三精靈。
依著洞府取名字，
挨著弘慶排下名，
長子取名叫弘儒，
次子弘昊是他身，
只有三子他最小，
取名就叫小鴻鈞。
提起鴻鈞他的根。
他的來頭大得很。
他是上古三太老，
原來他是枯蓮根，

他與定光同一等，
都是太荒脫人形。
金水相生得精氣，
白妃懷孕洞中生。
名字就是枯蓮籽，
弘慶洞中現金身。
定光見到小鴻鈞，
他倆都是同路人，
這時他倆又相會，
原是上古緣分定。
鴻鈞他把定光問：
天地幾時才生成？
定光當時開言道：
「聽我從頭說原因，
子會生天青氣現，
丑會生地萬物生，
寅會三皇要出世，
卯會才生五帝君，
辰會上面天地子，
巳會生出幾州人，
午會開朝君臣定，
未申百姓亂紛紛，
酉會之時收成少，
卯亥會上容易渾。」
定光講完十二會，

三卷天書給鴻鈞。
兩人講了多一陣，
分手各自轉回程。
鴻鈞回到弘慶洞，
兄弟相會喜十分，
三人談論後事情。
弘儒首先開言道：
「弘昊兄弟聽分明，
太荒生出金石斧，
此是上古貴寶珍，
算來此寶要出世，
隨著盤古一齊生。
三弟鴻鈞上天荒，
你去看看有可能，
給你一面分天旗，
你定收起莫消停。
若還盤古出了世，
盤古要把石斧尋，
怕的難見此寶珍，
那時你搖分天旗，
黑氣自然不見形，
幫他找到上古寶，
等他好把天地分。」
三人言語我不論，
把它按到靈山頂，

再講上古各路神。
仙道祖母各有根，
四十八仙降凡塵，
又有四十八道神，
還有四十八老祖，
四十八位老母們，
受了上古太荒靈，
聚匯天精化人形。

若還歌師不相信，
還有四句好詩文，
唱與歌師過細聽：
「一顆珍珠綠艾艾，
二顆珍珠土裡埋，
三顆亮照水難過，
四顆龍潭結仙胎。」
四句詩文作證明，
誰個知曉這些根？
上前請問老先生。
歌師提到詩四句，
我今知道這根底，
每句詩文講詳細。
「一顆珍珠綠艾艾，
生出四十八仙來。
二顆珍珠土裡埋，

四十八道出塵埃。
三顆亮照水難過，
老祖四十零八個，
還有四十八老母，
仙道祖母聚會多。
四顆龍潭結仙胎。」
盤古出世把天開，
我今解了詩四句，
不知解的確不確。
講起盤古他的根，
當是陰雷弟兄們，
奉了定光玉虛令，
斬了黑家五龍精，
五龍死在崑崙頂，
化成五條石龍身，
五個龍口齊流血，
鮮血不止往下淋，
血水流在深潭裡，
聚會天精與地靈，
漸而漸之結珠孕，
結個仙胎雞蛋形。
三番洪水過了後，
長出盤古一個人，
沒有父來沒有母，
黑龍仙氣來生成，

血絲血肉轉了身，
盤古昏昏如夢醒，
醒後抬頭把眼睜。

盤古睜眼四下望，
四面五下黑茫茫，
黑水滔滔高萬丈。
盤古昏昏往前闖，
邁開大步走忙忙，
只聽叮咚一聲響，
撞在盤古腦殼上。
撞得頭暈心又慌，
手摸腦殼心暗想，
要把天地兩分張！
盤古當時怒氣生，

一定要把天地分，
四面五下尋寶珍，
盤古忙忙四下尋，
天如鍋來地如盆，
迷濛不知幾千層，
青絲嚴縫扣得緊。
天無縫來地無門，
看來天地難得分。
一路奔波往前行，

驚動鴻鈞老先尊，
忙把分天旗來晃，
黑雲紛紛退乾淨，
不覺顯出太荒山，
金石斧頭上面存，
盤古忙把高山上，
只見一物放光明，
當時仔細來觀看，
只見一把金石斧，
乃是上古一寶珍，
不是金來不是銀，
不是鐵匠來打成，
叫它大來它就大，
叫它小來不見形，
拿在手中重得很，
盤古當時喜十分。
取名開天闢地斧，
拿起斧頭忙動身，
要把天地兩下分，
劈開天地現光明。

盤古出世好威武，
身長一丈二尺五，
腰又圓來膀又粗，
手拿開天闢地斧！

走進混沌觀一番，

四下茫茫盡黑暗。
波濤滾滾千層浪，
洪水滔滔透骨寒。
盤古不管長和短，
舉起斧頭往下砍，
累得腰疼腿又酸，
累得渾身出大汗。

耳聽四下如雷鳴，
盤古聽罷忙不停，
手舉斧頭不留情。
剛把斧頭劈去下，
一斧斷劈混沌根，
一道青氣往上升，
化作九重大天門，
一股濁氣往下降，
化作大地分陽陰。
盤古斧頭再砍下，
閃出東方太陽神。
盤古忙把太陽叫：
你到空中照凡民，
扶桑國裡升天界，
西伏國內落塵埃，

卯時升天酉時落，
六個時辰又轉來。
你先去到崑崙地，
去請陰雷扶你身，
再到蓬萊枯竹洞，
去請紅七閃電神，
他有八個照妖鏡，
鬼怪不敢攏你身，
保你安然在天庭。
盤古三斧劈下去，
閃出西方太陰神，
盤古又把太陰叫：
「你去天上照凡民，
王母月中登龍位，
嫦娥月裡兩面分。
太陽白日昇天界，
你在夜裡放光明。」
盤古他把天地分，
天地日月才形成。
按下盤古等一等，
花開兩朵另有因，
巧女難繡兩面針。

把話扯到西彌洞，
西彌洞中十二人，

蓬萊山上得道行。
他們都是真佛子，
拜見盤古為師尊。
盤古便把他們叫：
你們各自去修行，
我今與你取姓名，
你們牢牢記在心，
一為接引老道人，
二為菩提老道神，
三為彌勒四張賢，
五為通天道主身，
六為斗母稱名號，
七為青眉老仙神，
八為天尊號元始，
九為玄女娘娘身，
十為麥芽稱老祖，
十一太清上古神，
十二年紀你最小，
號為無極上天庭。
十二神仙得了號，
辭別盤古去修行。

書接前文講古今，
再講盤古把天分。
鴻鈞知道其中情，

手執分天劍一根，
又把分天旗來晃，
黑氣一時退乾淨，
從此青天黑雲散，
青天燎燎放光明。
壽高一萬八千零。
他在太荒命歸陰，
盤古死得好可憐。
死在太荒無人問，
渾身化成天地形。
化為五嶽高山頂，
從此五嶽才形成。
因有陰陽兩儀定，
天地合和萬物生，
五嶽名山有根痕：
頭化東嶽泰山頂，
腳化西嶽華山嶺，
左背北嶽號恆山，
右背南嶽衡山嶺，
中嶽嵩山肚化成，
身化五嶽成山地，
又配五方分五行，
頭合東方甲乙木，
腳配西方庚辛金，
面合南方丙丁火，
背合北方壬癸水，
身配中央戊己土，
盤古死的真正苦。
有天有地有日月，
盤古本事無比倫。
三分天地他為尊，
渾身血合江海湖，
毫毛化為滿山樹，
外化五行生剋理。
內化黃金與白銀。
四象五行有根本，
牙齒落了不變形，
要等天皇他出世，
把他送上九霄雲。
那時把它安天上，
牙齒化為滿天星。
盤古開天又闢地，
萬古流芳誰不聞！

下　篇
三皇五帝

唯有唱歌膽子大，
火不燒山石不炸，
歌不盤本人不怕。

自從盤古開天地，
三皇五帝到如今。
哪三皇？哪五帝？
他們如何治乾坤？
誰在先？誰在後？
天下有道是無道？
黎民太平不太平？
哪位歌師記得清？
古上一一唱分明，
我好拜你為師尊。
歌師問的我來唱，
天皇地皇和人皇，
不知講的詳不詳。
先講天皇出世因，
他是上古早排定，
共有兄弟十三人。
他今出世安星斗，
盤古牙齒來化成。
有了天地日月星，
不知幾時為一春，
天皇出世無人煙，
混混糊糊過光陰。
商議兄弟十三個，
創下天干地支文。
先立天干為十個，

又立地支十二名。
他們齊把靈山上，
靈山上面散精神。
看到靈山菊花景，
菊樹開花九月零。
他們又到雪花洞，
來到雪花洞府門。
五黃六月流清水，
十冬臘月雪紛紛。
露水結霜十冬景，
水結冷冰臘月臨，
知得四季何來歷，
天皇弟兄定原因。

桃樹開花是春景，
蓮花開時夏來臨，
秋冬菊花來報信，
臘梅花開又一春。
天皇理事有天性，
治世一萬八千春。
按下天皇暫不表，
新做房屋另開門，
還聽餘下敘分明。
不表天皇老天主，
提起龍門洞內人，

弟兄共有十一個，
西天彌羅化人身。
旬日山前得了道，
特來拜見天皇身，
天皇一見心歡喜，
封他地皇管乾坤。
地皇兄弟領了旨，
就在上古把位登。
商議兄弟十一人，
地皇才把月數定。
十二地支十二時，
一日一夜有時辰，
黎民才把晝夜分，
三十日來為一月，
十二個月為一春。
他以太陽把日定，
又以太陰把夜分。
地皇理世有地性，
治世一萬八千春。
按下地皇我不提，
再把人皇根底敘，
從頭到尾說給你。
行馬山前來出世，
尤氏兄弟共九人，
九人九處管天下。

那時才把九州分。
造上梯子造祥雲，
又以五方觀地形，
他在中央教黎民，
黎民飢摘野果吞，
寒用樹葉遮其身，
九人九處都太平，
製出高下分三等，
只知有母不知父，
男女交歡無別分。
人皇理世有人性，
治世一萬八千春。
書到此處打個頓，
按下三皇我不論，
回頭再講老鴻鈞。
弘慶洞中鴻鈞祖，
修行十萬八千春。
只見洪水還沒退，
來到洞前散精神。
見到一椿古怪事，
五龍抱著葫蘆行，
老祖當他是妖精，
手提寶劍吼一聲，
五龍聽到老祖叫，
丟下葫蘆逃了命。

他將葫蘆來收起，
帶回洞中看分明。
他將葫蘆來打開，
現出兩個孩童身。
一男一女人兩個，
老祖開言問原因：
「你倆何方哪裡人？
姓甚名誰說我聽。」
童男一聽開言道：
「我是仙山發落人，
我父弘蒙洞內主，
弘末老祖是他身，
我母東洞名張氏，
妹妹西洞李氏生。
只因天地圓滿了，
十二會滿天地崩，
自從主皇開天地，
六十四代傳父親。
妹妹今年方七歲，
後山觀景散精神，
忽生一根葫蘆藤，
藤長共有千丈零，
結個葫蘆在洞門。
兄妹回到洞門前，
洪波滔滔連天滾，

突然葫蘆咋大口，
兄妹葫蘆來藏身。
隨著葫蘆飄飄蕩，
不知過了幾多春，
多虧老祖來相救，
才使兄妹沒喪命。
當初天地昏昏暗，
如今出世見青天，
當時地上光禿禿，
如今青枝綠葉現。」
老祖聞言哈哈笑，
你是先天後代根。
我給你們取姓名，
取名就叫五龍氏，
相傳後代為元尊。
你倆快去拜人皇，
人皇座位中州城。

兄妹聽罷鴻鈞語，
兩人急往中州奔。
中州乃是人皇地，
封有龜蛇作大臣。
走過東洋大海門，
不覺中州面前停。
兄妹來把人皇拜，

人皇開口把話問，
問他兄妹哪裡人？
兄妹二人忙告稟，
前因後果講分明。
人皇一聽忙笑道：
「你倆先天弘末根，
如今世上無男女，
你們二人到此存，
不如聽我一言語，
你們二人配婚姻。
我勸你們人兩個，
配成夫妻傳後人。」
童女忙把話來講：
「我與哥哥兄妹稱，
你要我們成婚配，
說千道萬也不行。」
此時人皇開口勸：
「聽我從頭說分明。
只因洪水泡天後，
世上沒得真凡身，
如今雖有人無數，
都是山精樹木身，
也有金石化人體，
也有水怪變人相，
也有蓬蒿化成人，

只有你們人兩個，
一男一女真肉身，
勸你二人成婚配，
生男育女傳後人。」
童男一聽忙答應，
便叫人皇你是聽：
「若要我倆成婚配，
除非你叫龜蛇臣，
它們兩個能說話，
我們兩個結為親。」
童男剛把話說完，
鬼蛇開口把話論。
人皇一見心歡喜，
又把童女勸一聲：
「鬼蛇它們說了話，
你們成親是正經。」
童女一聽心發怒，
撿起石頭不留情，
舉石就將金龜打，
打成八塊活不成。
童女又把人皇叫，
金龜活了我成婚。
童男他把八塊湊，
八塊合攏用尿淋，
金龜得了童子尿，

頓時活了金龜身。
人皇又把媒來做，
兄妹中州結為婚。
自從兄妹成婚後，
生下男女共九人，
長子名叫伏羲氏，
姬仙女紀管中州。
二弟取名神農氏，
姬趙女紀管湖州。
三弟取名高陽氏，
姬前女紀管江州。
四弟取名祝融氏，
姬李女紀管佛州。
五弟取名葛天氏，
姬孫女紀管鴻州。
六弟取名人皇氏，
姬周女紀管遼州，
七弟取名燧人氏，
姬吳女紀管山州。
八弟取名有巢氏，
姬鄭女紀管鄱州。
九弟取名中人氏，
姬王女紀管雲州。
他們都隨混元去，
跟著混元去修行，

等到轉胎重出世，
江山才歸五帝君。

伏羲出世故事多，
歌師聽我從頭說，
看我說的確不確，
五帝伏羲他為首，
人頭蛇身生得醜。
華胥之地把世出，
太昊是他脫胎母。
提起伏羲他出世，
還從太昊說根由。
太昊無事她遊走，
來到華胥高山後，
見一巨人腳跡印，
太昊順著往前行，
心猿意馬拴不定，
聖母不覺動春心。
一條霓線紅其身，
太昊從此懷了孕，
懷了三百六十春，
生下男女兩個人，
男兒伏羲是他號，
女兒女媧是她名。
他倆出生在紀城，

後來立為帝王君。

伏羲出世無黎民，
他在心中暗思情，
開言便把女媧叫，
把話說與妹妹聽：
「如今天下沒有人，
到底如何來調停？
不如我倆成婚配，
生兒育女傳後人。」
女媧一聽把話論：
「叫聲哥哥你請聽，
我們若要成婚配，
還看天意怎樣定，
如今咱倆不知曉，
此事萬萬辦不成。」
伏羲聽了這段話，
再把女媧請一聲：
「你我若不成婚配，
世上將會少人行。」
女媧聽罷憑心論，
叫聲哥哥聽分明：
「若要你我來相配，
不知有不有緣分？
我今先把深山進，

你在後面將我尋，
如果將我找到了，
說明天意自憐人。」
女媧言罷進山林，
一時三刻無蹤影。
伏羲依言把她找，
不知何處她藏身，
整個山林都找遍，
單身獨自好傷心。
伏羲尋妹暫不論，
插上一段鼓外音，
再唱兄妹配婚姻。

當初混沌還未分，
有一金龜出了生，
不覺十萬八千年，
修道悟法天地靈。
那日他在靈山上，
心血來潮不安寧，
知道伏羲是天星，
兄妹成婚有緣分，
他就動身把山下，
要與伏羲把路引。
金龜引著伏羲走，
引他見了女媧身，

女媧一見心惱恨，
指著金龜罵連聲，
你這畜生多事情！
女媧怒罵難消恨，
揮起寶劍不留情，
伏羲一見心不忍，
女媧不讓半毫分，
她把龜足來斬斷，
看你日後多事因！
金龜當即喪了命，
化為四極到如今，
你看可憐不可憐。
伏羲女媧配婚姻，
天為主來地為證，
金龜便是做媒人。
伏羲他把金龜看，
金龜背上有花紋，
就以龜紋畫八卦，
畫出太極八卦文。
伏羲女媧觀天相，
又管山川日月星，
他把天地分兩儀，
一個陽來一個陰，
又以兩儀分四象，
四象又把八卦生。

取名乾坎與艮震，
還有巽離與兌坤，
陰陽順逆到如今。
先天八卦已形成，
把他丟下不談論，
再講伏羲女媧情。
一日女媧懷了孕，
懷胎二十四月整，
二十四月後才生，
生下男女兩兒身。
男兒取名叫伏生，
女兒取名叫安生。
伏羲女媧心歡喜，
女媧又把伏羲稱：
「只有我倆生男女，
怎傳千千萬萬人？」
伏羲當時把話論：
「叫聲女媧你是聽，
不如你我用泥土，
多做一些黃土人。」
女媧一聽心歡喜，
他們二人忙不停，
挖出黃泥把人做，
泥腳泥手泥眼睛，
再將血肉來相配，

接收天精與地靈。
剛剛把人做齊整，
突然天降大雨淋，
二人一見慌了神，
拿起掃帚掃泥人，
泥人掃在洞府內，
免得又被風雨浸。
不覺過了一夜整，
泥人個個成活人，
男男女女一大群，
行走說話樣樣能。
只因泥人未晾乾，
掃帚掃後變了形，
有的癩子又跎背，
耳聾眼瞎多得很。
傳下泥民到如今，
瞎跛癩子有原因。

有了黎民我不論，
再講伏羲仁德君，
婚姻禮樂從此生。
他今治世改元份，
青帝元年誰不聞，
三百六十又六春，
天下安樂享太平。

一日孟河起祥雲，
一匹龍馬降洪塵，
滿身長的河圖樣，
身高八尺有餘零。
背生河圖青氣現，
天下九州現了形。
伏羲一見心歡喜，
畫下河圖傳後人。
三皇治世九州分，
如今九州又現行。
畫出洛圖寫易經，
九州洛書有了根。
一日伏羲心納悶，
無事玩山觀風景，
只見一陣微風起，
風吹樹聲真好聽。
他一聽見忙不停，
砍下樹木來造琴，
面圓底方天地相，
五根琴絃相五行，
長有三尺零六寸，
樂器便是他發明。
伏羲治世民太平，
後出共工亂乾坤。
提起共工一段情，

共工怎樣亂乾坤？
聽我講與歌師聽。
共工在世多無道，

祝融一見怒氣生，
領兵與他來交戰，
共工兵敗走無門。
當時心中氣不平，
怒火燃到頂門心，
一頭撞斷不周山，
斷了擎天柱一根。
崩了北方天一角，
從此天地變了形。
天傾西北北方冷，
地傾東南到如今。
天地動盪不安寧，
女媧見了怒氣生，
飛劍去把共工斬，
除了一個禍害精。
好個女媧手段能，
又煉彩石補天庭。
她把四方鰲足站，
地勢方能得其穩。
又聚灰土止洪水，
從此天地才安寧，

落得後來北方冷，
北方寒冷有原因。

不提女媧手段能，
再講神農出世因，
制下五穀把田耕。
講起神農一段文，
從頭說與老先生，
不知說得真不真，
恐有不是莫談論。
還請先生不用急，
聽我從頭慢慢敘，
其中還有詩四句，
前人作下七言律：
聖人誕生自天工，
首出稱帝草昧中，
製作文明開千古，
補天溶日互蒼穹。
四句詩文對你講，
還聽愚下說端詳。
神農皇帝本姓姜，
南方丙丁火德王，
出世生得聖人相，
又號炎帝為皇上。

提起神農有根痕，
他是少典所親生。
母親嶠氏女賢能，
名號安登老夫人，
她與少典配為婚，
生下兩個小嬌生。
長子石蓮是他號，
次子神農是他名，
長子石蓮去崑崙，
崑崙山上去修行。
神農長在姜水邊，
故此姓姜立為君。
神農為君苦得很，
他嚐百草識藥性，
為民除病費精神，
又教黎民識五穀，
還教黎民把田耕，
女子採桑興貿易，
天下真正享太平。
安享太平一百春，
出來七十二毒神，
滿天布下瘟疫症，
神農冒險救黎民。
遍嚐百草食毒藥，
幾乎一命歸天庭。

喜有藥獅來相助，
神農急將解藥吞。
你看七十二毒神，
趕快商議逃性命，
神農知道毒神名，
毒神逃進老山林。
從此良藥平地生，
平地毒藥少見形，
千般典故都有根。
神農治世多清平，
過了一百單八春，
出了夙沙一個人，
要反神農有道君，
箕文勸他不可反，
無奈夙沙太欺心，
箕文扯住不放行。
夙沙大怒殺箕文，
惹得百姓齊發怒，
群聚要殺造反人，
夙沙一見事不好，
孤寡難當對頭人。
逃在首陽高山下，
群起殺他一命傾。
神農治世三百春，
崩於長沙茶陵城。

自從神農把駕崩，
愉罔出世治乾坤，
愉罔是個無道君。
反賊蚩尤氣不平，
領兵調將發戰爭，
愉罔一見戰兢兢，
嚇得三魂掉兩魂。
手下難得能幹將，
悄悄遷都讓反臣。

又有軒轅來出世，
他與蚩尤大交兵。
軒轅本是有能君，
生在河北涿鹿城。
寶附是他親生母，
軒轅出世有根痕，
一日寶附荒山行，
見一大霓繞其身，
寶附一見動春心，
從此身懷有了孕。
懷胎二十四月整，
兩年滿了才臨盆。
寶附一見喜十分，
取名叫做軒轅氏，
又呼大號叫公孫。

軒轅是個明德君，
要殺蚩尤氣才平。
領兵來把蚩尤會，
蚩尤戰法勝九份，
口吐黑氣迷沉沉。
軒轅只好忙退兵。
軒轅戰敗心中悶，
睡在床上不安神，
迷迷糊糊做一夢，
一夢做的好驚人。
夢見三皇來招見，
從頭到尾講原因。
要他去訪人兩個，
能殺蚩尤這反臣。
要知兩人是哪個？
風後力牧是他名。
三皇講罷無蹤影，
只見蚩尤又來臨。
一見軒轅不留情，
舉劍劈他頂門心，
軒轅當時嚇一跳，
一身冷汗濕衣襟。
他被惡夢驚醒了，
夢中緣故記得清。
軒轅醒後暗思情，

此夢做得怪得很。
他依夢中三皇語，

去訪風後力牧們。
果然二人都訪到，
二人本事真正能。
扶主軒轅把兵帶，
擺下無極八卦陣。
蚩尤法術再不靈，
撞入無極八卦陣。
頭昏眼花迷濛濛，
東西南北分不清。
風後力牧忙不住，
吹動戰車困他身，
殺得天昏地又暗，
蚩尤四下走無門，
四下戰車來圍住，
捉住蚩尤問斬刑。
蚩尤造反有神通，
他是反叛老祖宗，
風後力牧立大功。

軒轅殺了反叛臣，
世上太平萬事興。
他命賢臣叫大橈，

天干地支配合成。
天皇只把天干立，
地皇只把地支分，
大橈將他合攏來，
取名甲子到如今。
隸首又把數字造，
加減乘除為算經。
伶倫造作律令旨，
軒轅親做指南針，
又命車區製衣襟，
又命岐伯寫內經。
軒轅死時有龍迎，
他騎龍身上天庭，
在位兩百單一春，
少昊接位治乾坤。
少昊本是軒轅子，
軒轅皇后嫘祖生，
群臣把他立主君，
太子登基坐天下，
天降奇怪害黎民，
青天白日出怪鬼，
龍頭蛇身怕煞人，
只因鬼怪難治服，
少昊嗚呼一命傾。
少昊駕崩八十四，

葬在兗州曲阜城。
高陽山上安葬地，
後出顓頊把位登。

唱到此處打個頓，
花開兩朵講別人，
巧女難繡兩面針。
再說三皇五帝君，
插上幾段好經文，
歌師莫嫌我舌笨，
餘下慢慢敘你聽。
三皇治世五龍氏，
打獵就是他發明。
打猛獸來捉飛禽，
每日奔走在山林。
那時哪裡有煙火，
打得獵物生的吞。
此時人多人吃獸，
若還獸多獸吃人。
又有鉅靈氏出生，
鉅靈生得好聰明，
開險道來走行人，
水旱道路齊修平。
皇覃氏來有根本，
那時鳳凰才出生，

鳳凰生後出聖明，
三雙六隻一路行。
此是三皇年間事，
五帝年間出能人。
伏羲治世有巢氏，
他的出生怪得很，
他原本是五龍生，
出世香氣霧沉沉，
後來他把雀巢架，
能蔽日曬和雨淋，
後人造房有根痕，
神農在位出巧事，
梅山白猿生一子，
取名就叫燧人氏。
一日他在山上行，
兩石相撞冒火星，
他用桑柘並槐檀，
用來鑽木取火星，
取出煙火教黎民，
不管獸肉和草根，
用火烹煮養性命。
軒轅治世史皇氏，
結繩記事他發明。
還有倉頡造文字，
觀天相來擬象形。

天下萬物一齊生，
他給萬物取上名。
又出祝融聽鳥音，
作下音樂傳後人，
一直流傳到如今。
按下一處講一處，

再講顓頊坐皇都，
歌師聽我說根古。
顓頊高陽把位登，
多出鬼怪亂乾坤。
先是東邊小兒鬼，
身高一尺零八寸，
青天白日它出現，
闖進各家要乳吞，
嚇得黎民亂紛紛。
多虧大膽公孫平，
將鬼拿住用繩捆，
丟進深潭裡面存，
待到日落天色晚，
小鬼依然又上門。
幸有天師下凡界，
他的法術無比倫，
又將小鬼來拿住，
埋進黃土萬丈深，

上面釘上桃木釘，
石頭壓的緊沉沉，
東邊剛剛太平了，
西邊又出女鬼精。
領著八十女鬼怪，
鬧得西邊不安寧。
黎民一見更害怕，
來了三個黃衣人，
他們三人來降鬼，
走路如同風吹雲，
空樹之中捉女鬼，
方使西邊得太平。
顓頊在位七十八，
葬身卜陽東昌城，

自從顓頊駕崩後，
帝嚳高辛把位登，
高辛登位不走運，
子台建都坐龍廷，
如今河南偃師城。
可恨房王膽子大，
領兵造反叛高辛。
高辛有只五色犬，
好個寶犬有靈性，
知道房王有反心，

常跟高辛不離身。
一日它見房王面，
房王見它好歡心，
以為得了高辛犬，
江山該他坐的成。
忙設盛席待寶犬，
把他當作上大人。
深夜房王睡著了，
寶犬一見忙不停，
他將房王頭咬下，
銜著首級見高辛，
房王反賊命歸陰，
黎民得知好歡心。

高辛娶了陳氏女，
慶都就是她的名。
慶都剛滿二十春，
只見黃龍來附身。
懷孕一十四月整，
丹陵之下生堯君。
高辛又娶諏訾女，
名叫常儀是她身。
一日常儀生一子，
子摯乃是他的名，
高辛壽活七十二，

頓丘山上葬墳塋，
子摯登位政事渾，
黎民將他把罪問，
他才把位讓堯君。
堯帝為君好聖明，

仁義治世民感恩，
天道無常民遭瘟。
天上十個太陽出，
烈焰當空人難存。
禾苗樹木全曬死，
黎民地穴來藏身。
天下狂風四處起，
樹木吹上九霄雲。
還有三怪蛇豬獸，
也在凡間亂咬人。
堯帝當時心膽寒，
嚇得三魂少二魂，
開言忙把后羿叫：
「你看如何來停？」
后羿聽罷忙回稟：
「還請我主放寬心。
我今速去細查看，
看看是些啥原因。」
后羿神劍隨身帶，

前去射殺三怪精，
三怪一見后羿面，
張牙舞爪要吃人，
后羿一見心惱恨，
張弓搭箭不留情，
三妖中了后羿箭，
一命嗚呼喪了命。
雖然殺了三妖怪，
狂風依然還不停。
后羿當時怒氣生，
要尋風伯問罪名。
后羿去把風伯見，
見了風伯把話論：
「大膽風伯還得了，
為何如此害黎民？
你今若還再這樣，
小心神箭不留情！」
風伯一聽喪了膽，
息了狂風無蹤影。
后羿抬頭來觀天，
天上十個太陽星，
滿天之下熱騰騰，
后羿渾身汗淋淋。
他今一見忙不停，
當時開工如滿月，

指定太陽不留情，
一箭一個太陽落，
兩箭雙日落埃塵。
一連射出九支箭，
九個太陽不見形，
后羿又把箭來取，
空中一聲如雷鳴，
日光仙子開言道：
有勞后羿除妖星，
如今妖星都除盡，
把我留下照凡民。
后羿一聽忙下拜，
拜見日光太陽神，
一輪紅日照凡間。
有陰有陽萬物生。
堯帝在位七十二，
弟子丹朱不肖生，
堯帝讓位許由坐，
他把丹朱貶房陵，
許由知情不答應，
將身躲進箕山林。
堯將其位讓子交，
子交推說病在身，
堯帝當時心難過，
江山到底讓誰人？

召集群臣來商議，
群臣個個不做聲。
堯帝當時好納悶，
誰是江山接位人？
一日堯帝上厲山，
見到舜帝把田耕，
堯帝與他把話論。
問他天下大事情，
舜帝對答甚分明，
堯帝一聽心歡喜，
讓位舜帝治乾坤。
講起舜帝他的根，
瞽叟就是他父親。
握登就是他母親。
握登生舜姚墟地，
故此以姚為姓名。
軒轅是他八代祖，
他是軒轅後代根。
舜帝出世苦得很，
三歲之上喪母親，
他父又把後母娶，
後母涂氏少德性，
後母涂氏娶進門，
把舜當作外家人。
涂氏生了一男子，

取字曰像是他名。
自從象弟落地後，
父母愛他如寶珍。
後母常把惡言進，
哄得其父變了心。
他們只把象弟愛，
好像多了舜一人。
一心想把舜害死，
難找理由不敢行。
舜帝長到十二春，
他到厲山把田耕，
後母送飯下毒藥，
黃狗吞了命歸陰。
也是舜帝福分大，
沒有傷他半毫分。
舜帝勤耕於厲山，
又到雷池做漁人，
時常放羊演河地，
又制陶瓦在河濱。
自從堯帝相見後，
要將二女許於舜。
長女名字叫娥皇，
次女名字叫女英。
待到舜帝接位後，
二女與舜配為婚，

舜帝回家將此事，
對他父母講分明。
繼母一聽心惱恨，
象弟一聽起妒心，
母子一起來商議，
心狠手辣毒計生。
他們叫舜進倉屋，
象弟放火燒他身，
也是舜帝命未盡，
一個斗笠面前存，
連忙將它頭上戴，
化翅飛向半天雲，
哪怕烈火高萬丈，
舜帝也能出火坑。
後母見帝未燒死，
又生一計來害舜，
她叫舜去淘水井，
象弟後面緊緊跟，
等舜剛把水井下，
他將石頭水中扔。
說到這口古水井，
乃是狐精後洞門，
舜帝掉進狐精洞，
聽見他們把井平，

九尾狐精早知曉，
接住舜帝出洞門，
舜帝回到臥房裡，
彈起琴絃散散心，
象弟母子一聽見，
嚇得三魂掉二魂，
後來害舜念頭止，
堯帝把位讓與舜。
當時黃龍負河圖，
越常國獻千年龜，
民間風調雨又順，
堯天舜日有根痕，
自從舜帝登位後，
治得天下多太平，
天下百姓都朝覲。
舜帝龍位登了基，
共工流放幽山地，
又流歡兜崇山去。
殺三苗來平三險，
平反叛來息狼煙，
察民情來不安閒，
身在帝位五十年，
年至七十壽歸天，
丟下商君子不賢，

惹得天下百姓怨。
商君無道真可恨，
天降大雨害百姓，
禹王治水復朝生。
舜帝過後出大禹，
夏侯禹王號文明，
接舜天下治乾坤。
提起大禹有根痕，
他的父親名叫鯀，
以土掩水事不成，
惹得天地發雷霆，
軒首羽山屍不爛，
化成大禹一個人。
大禹出世來治水，
疏通九河救蒼生，
禹王治水多辛勤，
三次過家門不進。
決汝漢來排淮泗，
瀹濟漯來都疏通。
引得流水歸海中，
一十三年得成功，
天下無水不朝東。
禹王告命塗山上，
塗山氏女化石像，

行至茂州過大江，
黃龍負圖來朝王。
大禹仰面告天上，
黃龍叩首即回還。
天下諸侯都朝見，
黎民都想太平年。

大禹為君真聖明，
治水千秋定乾坤，
百姓尊他為聖神，
每逢吃飯他起身，
躬身行禮慰民情，
行車路上見罪人，
連忙下車問原因，
他若見到貧飢人，
兩目之中淚淋淋，
左規矩來右準繩，
不失尺寸於百姓。
至今後人都朝拜，
到處還有古蹟存！

自從盤古開天地，
三皇五帝定乾坤，
遠古流傳到如今，

一部《黑暗》傳後人！

摘自《神農文薈》黑暗傳研究專輯 1994 年

昌明文庫·悅讀中國 A0607027

黑暗傳 上冊

主　　編	神農架林區非物質文化遺產保護中心	
版權策畫	李煥芹	
發 行 人	林慶彰	
總 經 理	梁錦興	
總 編 輯	張晏瑞	
編 輯 所	萬卷樓圖書股份有限公司	
排　　版	菩薩蠻數位文化有限公司	
印　　刷	百通科技股份有限公司	
封面設計	菩薩蠻數位文化有限公司	

出　　版　昌明文化有限公司

桃園市龜山區中原街 32 號

電話　(02)23216565

發　　行　萬卷樓圖書股份有限公司

臺北市羅斯福路二段 41 號 6 樓之 3

電話　(02)23216565

傳真　(02)23218698

電郵　SERVICE@WANJUAN.COM.TW

大陸經銷

廈門外圖臺灣書店有限公司

電郵　JKB188@188.COM

ISBN 978-986-496-516-8

2020 年 12 月初版二刷

2019 年 3 月初版

定價：新臺幣 400 元

如何購買本書：

1. 轉帳購書，請透過以下帳戶

　　合作金庫銀行 古亭分行

　　戶名：萬卷樓圖書股份有限公司

　　帳號：0877717092596

2. 網路購書，請透過萬卷樓網站

　　網址 WWW.WANJUAN.COM.TW

大量購書，請直接聯繫我們，將有專人為您

服務。客服：(02)23216565 分機 610

國家圖書館出版品預行編目資料

黑暗傳 / 神農架林區非物質文化遺產保護中
心主編.-- 初版.-- 桃園市：昌明文化出版；
臺北市：萬卷樓發行, 2019.03

　　冊；　公分

ISBN 978-986-496-516-8(上冊：平裝).--

1. 黑暗傳　2.讀物研究

282　　　　　　　　　　　　　　108003236

本著作物經廈門墨客知識產權代理有限公司代理，由湖北人民出版社有限公司授權萬
卷樓圖 書股份有限公司(臺灣)、大龍樹(廈門)文化傳媒有限公司出版、發行中文繁
體字版版權。